婴幼儿托育、教育与保育精品教材

婴幼儿
亲子活动设计与指导

主编 刘春蓉 蔡 健

教·学
资 源

江苏大学出版社
JIANGSU UNIVERSITY PRESS
镇 江

内 容 提 要

本书系统阐述了 0～3 岁婴幼儿亲子活动设计与指导的基础知识及实践要点，旨在帮助学生真正掌握婴幼儿亲子活动的设计要点与家长指导方法。全书理论与实践并重，分为理论篇与实践篇两个部分：理论篇主要内容包括婴幼儿亲子活动的理论知识、婴幼儿亲子活动设计的基础知识、婴幼儿亲子活动家长指导的基础知识；实践篇主要内容包括 0～1 岁婴儿亲子活动设计与指导、1～2 岁幼儿亲子活动设计与指导、2～3 岁幼儿亲子活动设计与指导。

本书结构完善、内容全面、案例丰富，集实用性、操作性、指导性于一体，可作为职业院校婴幼儿托育、教育、保育类专业的教材。

图书在版编目（CIP）数据

婴幼儿亲子活动设计与指导 / 刘春蓉，蔡健主编
. -- 镇江 ：江苏大学出版社，2024.2
ISBN 978-7-5684-2113-3

Ⅰ．①婴… Ⅱ．①刘… ②蔡… Ⅲ．①学前教育－游戏课－教学设计 Ⅳ．①G613.7

中国国家版本馆 CIP 数据核字（2024）第 052752 号

婴幼儿亲子活动设计与指导
Ying-you'er Qinzi Huodong Sheji Yu Zhidao

主　　编／刘春蓉　蔡　健
责任编辑／张　平
出版发行／江苏大学出版社
地　　址／江苏省镇江市京口区学府路 301 号（邮编：212013）
电　　话／0511-84446464（传真）
网　　址／http://press.ujs.edu.cn
排　　版／三河市悦鑫印务有限公司
印　　刷／三河市悦鑫印务有限公司
开　　本／787 mm×1 092 mm　1/16
印　　张／11.25
字　　数／260 千字
版　　次／2024 年 2 月第 1 版
印　　次／2024 年 2 月第 1 次印刷
书　　号／ISBN 978-7-5684-2113-3
定　　价／39.80 元

如有印装质量问题请与本社营销部联系（电话：0511-84440882）

本书编委会

主　编　刘春蓉　蔡　健

副主编　柯钬凌　陈　洁　谭泉泉

　　　　　覃丽媛　李佳佳　张文娟

　　　　　刘　茹

FOREWORD

随着现代科学育儿理念的普及，越来越多的婴幼儿家长意识到早期教育的重要性。婴幼儿早期教育不仅事关婴幼儿个体的健康成长，也关系着千家万户的福祉与国家、民族的未来。让每一个孩子都能伴随时代的脚步茁壮成长，即"幼有所育"，是全党全社会共同的心愿。2024年《政府工作报告》中提到，要"多渠道增加托育服务供给"。《中华人民共和国国民经济和社会发展第十四个五年规划和2035年远景目标纲要》中也明确提出，要发展普惠托育服务体系，健全支持婴幼儿照护服务和早期发展的政策体系；推进婴幼儿照护服务专业化、规范化发展，提高保育保教质量和水平。

实现"幼有所育"的主要途径是为婴幼儿提供高质量的早期教育。亲子教育是早期教育的重要组成部分，亲子活动是亲子教育的主要载体。因此，早期教育行业工作者应具备提供多样化的照护服务的能力，即既要具备早期教育的专业知识与专业技能，又要能够对家长进行科学育儿的指导，教授家长具体的、可操作的方法，提高家长的育儿信心和能力。

基于此，我们组织了多位早期教育、婴幼儿托育服务与管理等专业的一线教师，同早教机构、托育机构、幼儿园等单位合作，编写了《婴幼儿亲子活动设计与指导》一书。

总体而言，本书具有以下特色。

一、理念引领，铸魂育人

党的二十大报告指出："育人的根本在于立德。"本书积极贯彻"价值塑造、能力培养、知识传授"三位一体的育人理念，落实立德树人的根本任务，力求把学生培养成为德才兼备、全面发展的人才。例如，在选择亲子活动内容时，将中华优秀传统文化、环保意识等内容有机融入其中；穿插大量早期教育领域先进人物的典型事例、优秀的早期教育教学案例等，潜移默化地培养学生的职业道德与职业素养；适时介绍国家关于发展早期教育的政策和举措、早期教育行业的发展动态等，帮助学生全面了解早期教育行业。

二、校企合作，协同育人

本书由多名早期教育、婴幼儿托育服务与管理专业的一线教师执笔，在众多来自早教机构、托育机构、幼儿园等的专职人员的指导与支持下编写而成。书中丰富的亲子活动，都经数位经验丰富的早教教师审核，并在实践中广泛应用，具有极强的专业性；书中所有亲子活动视频，均由浙江省舟山市定海区檀枫幼儿园的早教教师实地拍摄，既生动又富有示范性。

三、结构严谨，体例丰富

全书从结构上看，分为理论篇和实践篇两大部分。其中，理论篇为项目一至项目三，详细介绍了婴幼儿亲子活动的理论知识、婴幼儿亲子活动设计和指导的基础知识，旨在让学生对婴幼儿亲子活动的内涵、重要性、设计与指导方法等知识有系统、全面的认识。实践篇为项目四至项目六，全篇以年龄为界，以国家卫生健康委制定的《托育机构保育指导大纲（试行）》中的保育目标和要求为依据，从不同年龄段婴幼儿发展的特点与个体差异出发，以实用为准绳，立体展现了各年龄段婴幼儿亲子活动的设计思路与指导要点。

就每个项目来说，每个项目均设置了"学习目标""素质目标""项目导入""学以致用""启智润心""项目综合评价"等体例。

* **学习目标和素质目标**：提出各项目的学习重点及素养目标，使学生以目标为导向开展学习。

* **项目导入**：以生活中的真实案例为学生构筑亲子活动教学情境，并以思考题引导学生带着问题学习，鼓励学生在学习的过程中寻找答案。

* **知识讲解**：这一部分即教材的主体，按照"必需、够用"的原则编排相关知识，强调理论与实践的统一。同时，正文还设置了"课堂互动""看看想想""幼教小课堂""知识卡片""教学评析""亲子乐园"等学习栏目。"课堂互动""看看想想"引发学生思考，活跃课堂气氛；"幼教小课堂""知识卡片"对理论知识进行拓展和补充；"教学评析""亲子乐园"以真实案例的形式展示各类亲子活动的设计与指导过程，便于学生进行能力的迁移。

* **学以致用**：以实践活动的形式促进学生把课堂所学知识转化为实践经验。此部分的实践活动，要求学生以多种方式完成各项任务，不仅能够培养学生的专业技能，还能够促使他们的综合素养得到提升。

* **启智润心**：精选早期教育领域的师风师德故事、行业发展历程、暖心政策等，帮助学生树立正确的世界观、人生观和价值观，引导学生树理想、强本领、勇担当，在中华民族伟大复兴的大潮中贡献自己的一份力量。

* **项目综合评价**：从理论知识的学习情况，课前、课中和课后的任务完成情况，以及素养目标的达成情况3个方面评价学生的学习成效，以使学生获得自身学习情况的真实反馈，进而有针对性地改进和提升。

四、配套资源，立体教学

本书提供了丰富的数字资源。学生可以借助手机或其他移动设备扫描书中的二维码获取微课视频，也可登录文旌综合教育平台"文旌课堂"查看和下载本书配套资源，如优质课件等。

此外，本书还提供了在线题库，支持"教学作业，一键发布"，教师只需通过微信或"文旌课堂"App 扫描扉页二维码，即可迅速选题、一键发布、智能批改，并查看学生的作业分析报告，提高教学效率、提升教学体验。学生可在线完成作业，巩固所学知识，提高学习效率。

本书由刘春蓉、蔡健担任主编，柯钦凌、陈洁、谭泉泉、覃丽媛、李佳佳、张文娟、刘茹担任副主编。本书在编写过程中参考了大量的资料并引用了部分文章和图片等。这些引用的资料大部分已获授权，但由于部分资料来自网络，我们未能确认出处，也暂时无法联系到原作者。对此，我们深表歉意，并欢迎原作者随时与我们联系，我们将按规定支付酬劳。此外，本书没有注明资料来源的部分案例为编者自编。由于编者水平有限，书中难免存在疏漏或不当之处，恳请广大读者批评指正，以便在今后的修订中进一步完善。

🔍 ┃ 本书配套资源下载网址和联系方式

🌐 网址：https://www.wenjingketang.com
📞 电话：400-117-9835
✉ 邮箱：book@wenjingketang.com

目录

CONTENTS

理论篇

  亲子活动是婴幼儿早期教育活动的重要组成部分。通过开展亲子活动，可以有效地促进婴幼儿的全面发展，为婴幼儿的健康成长奠定良好的基础。要想成功地开展一场亲子活动，早教教师必须掌握关于亲子活动的理论知识，明确设计亲子活动和指导亲子活动开展的方法。

  本篇包括 3 个项目：项目一介绍了婴幼儿亲子活动的理论知识，包括亲子活动的概念、特点、类型和作用。项目二介绍了婴幼儿亲子活动设计的基础知识，包括亲子活动设计的原则和要求，如何制定活动目标、选择活动内容、创设活动区，等等。项目三介绍了婴幼儿亲子活动家长指导的基础知识，包括家长指导的目标和要求，入户指导的内涵和流程，活动现场家长指导的方式、流程和注意事项，活动场外家长指导的方式和作用。

项目一

婴幼儿亲子活动的理论知识

学 习 目 标

⭐ 了解亲子教育与亲子活动的概念。

⭐ 掌握亲子活动的特点、类型和作用。

素 质 目 标

⭐ 明确亲子活动的价值，树立科学的早教观。

⭐ 重视家长在婴幼儿健康养育照护中的作用，树立家园共育

意识。

项目导入

　　天天妈妈给一岁半的天天报了一个早教班。早教班要求，每个周末家长要带着孩子去早教机构上课。早教机构的课程大多是以亲子活动的形式开展的，即家长带领着自己的孩子，在早教教师的引导下，一起开展各种各样的活动。天天所在的班级主要是 1.5～2 岁的孩子及其家长，由一个主教老师和一个助教老师负责，每节课会安排 4～6 个家庭（一个家长带一个孩子）一起开展活动。

　　天天奶奶对此有些不理解，她认为："不就是陪孩子玩吗？还需要专门学？"天天妈妈劝天天奶奶自己去早教机构感受一下。这天，天天奶奶带着天天来上早教课，在早教教师的带领下，天天奶奶陪着天天玩了"过桥"游戏、"剥鸡蛋"游戏、"爬隧道"游戏、"找水果"游戏，两人玩得不亦乐乎。回到家后，天天奶奶感叹道："早教机构的课程太丰富了，原来陪孩子玩也有这么多门道啊！"自此，天天奶奶打消了对早教机构的疑虑，而且每天都会按照早教教师教授的方法陪天天玩。

　　思考：什么是亲子活动？早教机构开展的亲子活动与家长陪孩子玩有何区别？

模块一　婴幼儿亲子活动的相关知识

一、亲子教育与亲子活动

（一）亲子教育

　　亲子教育是 20 世纪末期兴起的一种特殊的、专门化的新型教育模式。亲子教育中的"亲"是指孩子的家长；"子"是指孩子。亲子教育是强调以亲缘关系为基础，以亲子活动为载体，以孩子与家长的互动为核心内容，以促进孩子全面发展、使家长获得专业育儿知识与技能为目标的教育活动，涵盖了"教育家长"和"教育孩子"两方面。

（二）亲子活动

　　亲子活动的概念有广义和狭义之分。广义的亲子活动是指家长与孩子进行的所有互动性活动，不受时间、地点、内容、形式等的限制。狭义的亲子活动是指专业的早教人员结合 0～3 岁婴幼儿的身心发展特点和个体差异表现，按照婴幼儿当前的发展需求，事先安排活动内容，设计活动环节，创设活动环境，准备活动材料，在一个固定的时间和场所（通常是早教机构），由婴幼儿及其家长共同参与的具有示范性、指导性、互动性的活动。此类亲子活动是开展早期教育的主要形式和重要途径。

本书所涉及的亲子活动为狭义的亲子活动。

二、亲子活动的特点

（一）活动目的双重性

亲子活动是对家长、婴幼儿进行双重教育的一种活动，其目的具有双重性。对于婴幼儿来说，亲子活动能够为其提供游戏和学习的机会，满足其认识世界、快乐游戏的需求，帮助其发展各方面的能力。对于家长来说，亲子活动能够为其提供专业化的育儿知识"培训"，帮助其掌握科学的育儿方法，使其准确地认识婴幼儿的发展需求，逐渐成为一名合格的家长。

（二）活动主体多元性

0～3 岁婴幼儿亲子活动的主体为婴幼儿、家长和早教教师，三者在亲子活动中相互配合、共同进步。

1. 婴幼儿在活动实施中的主体地位

婴幼儿在活动实施中的主体地位主要体现在两个方面。一方面，婴幼儿是亲子活动的主要参与者，所有亲子活动均是围绕婴幼儿开展的。早教教师必须根据不同年龄段婴幼儿的身心发展需求设计亲子活动。另一方面，尽管亲子活动事先安排好了活动形式和内容，但在活动实施过程中，婴幼儿不会完全按照早教教师的设计和家长的引导开展活动，而是根据自己的发展情况和意愿自发地参与活动，早教教师和家长要尊重婴幼儿的自发行为，不可强迫婴幼儿。

2. 家长在个别化指导中的主体地位

家长不仅是亲子活动的重要参与者，还是活动过程中的指导者。尽管早教教师是专业的教育者，拥有较丰富的育儿知识和技能，但这些知识和技能大多具有普适性，且早教教师对婴幼儿身心特点的了解也是群体性而非个体性的。面对发展速度和资质潜能各异的婴幼儿，早教教师往往难以快速地给出更具针对性的指导。家长则不同，他们对自己孩子的了解远远超出其他人，孩子喜欢什么、想做什么、不会做什么、开心不开心等，家长都很清楚，同时他们还能在第一时间发现自己孩子表现出的新行为。

因此，在亲子活动中，家长是对孩子进行指导的主要负责人，必须根据孩子的行为表现，主动发现孩子的需求。同时，家长要积极主动地向早教教师反映自己的育儿困惑和育儿难题，请早教教师提供科学的、有针对性的指导建议。

3. 早教教师在活动设计与实施中的主体地位

早教教师是亲子活动的组织者、实施者和指导者，在亲子活动的设计、实施阶段占据主体地位。

在亲子活动的设计阶段，早教教师要全盘考虑，既要根据婴幼儿的发展需求精心设计活动内容；又要思考开展亲子活动时该如何激发婴幼儿的参与兴趣，如何指导家长在亲子活动中的行为；还要考虑如何实现不同主体之间的良性互动。

在亲子活动的实施阶段，早教教师应灵活应变，不仅要对家长和婴幼儿提供针对性的指导，还要根据现场的实际情况灵活地调整活动计划。

（三）活动互动多向性

活动互动多向性是指在亲子活动中，早教教师与家长之间、早教教师与婴幼儿之间、家长与婴幼儿之间、婴幼儿与婴幼儿之间、家长与家长之间都可以产生互动，相互影响。

应注意的是，不同主体之间的互动有不同的作用。早教教师与家长之间的互动，既能够帮助家长纠正错误的教育观念，又能够帮助早教教师了解每个婴幼儿的特点，从而使亲子活动更加符合婴幼儿的需求。早教教师与婴幼儿之间的互动，可以让婴幼儿获得专业的指导，促进婴幼儿的全面发展。家长与婴幼儿之间的互动，可以增进亲子之间的感情交流，建立和谐的亲子关系。婴幼儿与婴幼儿之间的互动，可以大大增加婴幼儿与同伴交往的机会，培养婴幼儿的社会交往能力。家长与家长之间的互动，为家长提供了分享育儿心得与体会的机会，让他们能在交流中反思与调整自己的育儿方式。

（四）活动内容全面性

活动内容全面性是指亲子活动要兼顾婴幼儿在动作、认知、语言、社会性等多个方面的发展。

对于独立的亲子活动来说，早教教师在设计活动时，要注意上述多个方面能力之间的融合，既要有目的地发展某个方面的能力，又要兼顾其他方面的能力。例如，"抓鱼"活动要求婴幼儿从"鱼塘"中抓到指定颜色的"小鱼"，这一活动既重点发展婴幼儿的手眼协调能力和抓握能力（动作发展），又兼顾婴幼儿认知能力（颜色认知）和语言能力（理解或说出颜色词汇的能力）的发展。

对于集体亲子活动来说，其一般由一系列活动组成，这些活动内容要尽可能丰富，每个活动都应有一定的针对性，以确保婴幼儿发展的每个方面都能兼顾。例如，"寻找春天的足迹"这一集体亲子活动包括"话说春天""认识春天里的颜色""画小树""送你一朵小花""歌唱春天"等活动，涵盖了动作、认知、语言、社会性等各个领域。

（五）活动空间延续性

早教机构组织开展的亲子活动有固定的时间，通常为每周1～3次。然而，仅靠这些活动是无法满足婴幼儿的发展需求的，因此亲子活动要在时间和空间上有所延伸，确保在早教机构以外的地方（主要是家中）也能开展亲子活动。

你知道如何延伸亲子活动的空间吗？请举例说明。

模块二　婴幼儿亲子活动的类型和作用

一、亲子活动的类型

（一）机构亲子活动

机构亲子活动即在早教机构开展的亲子活动，通常由婴幼儿、家长、早教教师共同参与。机构亲子活动主要包括自主亲子活动和集体亲子活动两种类型。

机构亲子活动

1. 自主亲子活动

自主亲子活动又称活动区活动或区域活动，是指婴幼儿根据自己的兴趣自由选择开展的活动，或者由家长引导婴幼儿选择开展的活动。这类活动通常在早教机构的各个活动区开展，如在阅读区开展的亲子阅读活动（见图1-1）。在此类活动中，家长要全程陪同婴幼儿并适时提供帮助，早教教师主要负责观察和引导。

图1-1　亲子阅读活动

2. 集体亲子活动

集体亲子活动是指早教教师按照既定的活动目标和活动内容，面向一定数量的婴幼儿和家长开展的有目的、有计划、有组织的活动。通常，参与集体亲子活动的家长和婴幼儿不可超过 12 对（1 对为 1 个家长和 1 个婴幼儿），以 6～8 对为宜，且婴幼儿之间的年龄差不可超过 6 个月，以同龄或相差 3 个月以内为宜。

早教机构开展的集体亲子活动一般由若干个独立的亲子活动构成。集体亲子活动既可以由若干个独立的集体亲子活动和一定的自主亲子活动构成，也可以全部是独立的集体亲子活动，这类集体亲子活动一般会分段进行。

此外，早教机构开展的集体亲子活动形式多样，既有以主题为线索来串联多个独立活动的主题式集体亲子活动，如以节日、季节、优秀传统文化等为主题的集体亲子活动；也有根据婴幼儿各方面能力发展的需求并列安排每个独立活动的综合类集体亲子活动，如发展婴幼儿动作能力、认知能力等的集体亲子活动。早教教师可根据婴幼儿的年龄特点和发展水平，灵活地选择集体亲子活动的开展形式。

（二）家庭亲子活动

家庭亲子活动即在家庭中开展的亲子活动，通常由家长和婴幼儿共同参与。一般来说，家庭亲子活动是机构亲子活动的延伸。

家庭亲子活动的自由度较高，不受时间、人员的限制。只要在合适的时间，任何家庭成员都可以和婴幼儿一起开展亲子活动。在熟悉的环境中，婴幼儿也更容易进入活动状态，愉快地开展亲子活动。

二、亲子活动的作用

（一）对婴幼儿的作用

1. 培养婴幼儿积极的情绪

在亲子活动中，家长的陪伴能够给婴幼儿带来安全感，婴幼儿与家长的近距离接触和亲密互动能够满足婴幼儿"爱与需要"的情感需求，这些都能使婴幼儿获得积极的情绪。此外，家长在活动中对婴幼儿的鼓励、支持与帮助，能够调节婴幼儿的消极情绪，满足婴幼儿自尊的需要，并使婴幼儿获得成功的体验，从而有助于增强婴幼儿的自信心和自我价值感。

2. 促进婴幼儿的全面发展

0～3 岁婴幼儿的亲子活动涉及动作、认知、语言、社会性等各个方面，通过参与亲子活动，婴幼儿能够得到全面发展。例如，在"水果宝宝"亲子活动中，早教教师引导孩子们认识了水果的形状和颜色，说出了水果的名称，还让他们互换了水果。这一活动不仅促进了婴幼儿认知能力的发展，还提高了婴幼儿的语言表达能力，同时发展了婴幼儿的社会性。

3. 提升婴幼儿的社会交往能力

虽然婴幼儿自出生起便处于社会环境和社会关系之中，但仍需要良好的社会交往能力帮助其完成从"自然人"到"社会人"的过渡。因此，社会交往能力对婴幼儿的早期发展至关重要。亲子活动能够为婴幼儿提供更多参与社会交往的机会，让婴幼儿与同伴、其他婴幼儿家长、早教教师进行接触，帮助婴幼儿在活动中更好地认识自己、认识他人。亲子活动还能够通过多样化的社会交往方式，使婴幼儿逐渐掌握基本的社交技能，从而提高婴幼儿的社会交往能力。

（二）对家长的作用

1. 提高家长的科学育儿能力

家长是婴幼儿的第一任老师。在婴幼儿成长初期，家长扮演了引导婴幼儿认识世界、发展能力的重要角色。因此，树立科学的教育观念，掌握正确的教育方法，对家长来说至关重要。在亲子活动中，家长通过早教教师的专业指导，能够了解不同阶段婴幼儿的身心发展特点和需求，学会科学、有效的教养方法，发现自身的育儿问题，从而逐步提高自身的科学育儿能力。

2. 帮助家长深入了解婴幼儿

在亲子活动中，家长可以一边与婴幼儿互动，一边观察婴幼儿。在这个过程中家长能够在早教教师的专业指导下，通过婴幼儿的动作、表情等深入了解婴幼儿的行为方式、兴趣爱好、情绪变化和身心发展水平等。

拍摄婴幼儿亲子活动宣传片

亲子活动作为实施早期教育的重要手段，对婴幼儿的身心发展具有重要意义。然而，大部分婴幼儿家长对亲子活动缺乏正确的认识，带有极大的盲目性和随意性。有些家长认为亲子活动就是和孩子一起玩，不需要事先计划或专业知识；有些家长则根据自己的喜好安排亲子活动，忽视了婴幼儿的发展需求和兴趣，这些做法都不利于婴幼儿的健康成长。请全班同学分组拍摄宣传片，以传播和分享亲子活动的相关知识，让家长意识到亲子活动的重要性。

（1）全班同学每4～6人为一组，每组选出一位组长。各组成员根据本次活动的主题，查找、整理相关资料，并将查找与整理的资料填入表1-1中。

表 1-1 资料查找与整理情况表

班级		组号		指导教师	
组长：			组员：		
资料查找、整理过程	查找资料的渠道				
	需要查找的内容（简要列举查找方向）				

（2）各组根据查找的资料，讨论并确定宣传片的拍摄内容，然后根据分工填写表 1-2（可根据需要另附表）。

表 1-2 宣传片拍摄活动实施情况表

宣传片名称		
前期准备	拍摄设备	
	拍摄计划	如果需要婴幼儿及家长出镜，此处需要说明以下情况：① 计划如何寻找合适的婴幼儿及家长；② 计划如何说服婴幼儿家长同意拍摄
	人员分工	拍摄人员
		参演人员
		旁白/其他

脚本创作	说明宣传片共几个镜头，每个镜头的画面、声音、人物等。应注意的是，如果需要婴幼儿及家长出镜，要在脚本中写明需要婴幼儿及家长做什么 负责人签名：_____
拍摄视频	简要介绍拍摄过程、拍摄过程中可能会遇到的问题及解决方案 负责人签名：_____
剪辑视频	要求：① 遵循声画对位、过渡自然的剪辑原则；② 时长不超过 5 分钟
总结活动	 负责人签名：_____

（3）全班同学共同观看各组拍摄的宣传片，对宣传片的内容提出修改意见。各组整理修改意见，对宣传片的内容进行修改。

（4）各组将修改后的宣传片上传至网络，或者分享给身边有孩子的亲友。

（5）各组采取自评、小组互评和教师评价相结合的方式对活动实施情况进行评价，并填写表1-3。

表1-3　活动实施评价表

评价标准	分值	评价得分		
		自评	互评	师评
查找的资料权威、实用、全面	25			
拍摄的宣传片主题明确，内容科学、实用	25			
积极参与宣传片的拍摄，有较强的团队合作意识和创新意识	25			
能够根据其他小组成员的评价对拍摄的宣传片进行调整与完善，并对本次活动进行总结与反思	25			

入户早教指导师：科学精准便利服务婴幼儿家庭

2019年5月印发的《国务院办公厅关于促进3岁以下婴幼儿照护服务发展的指导意见》中提出："加强对家庭的婴幼儿早期发展指导，通过入户指导、亲子活动、家长课堂等方式，利用互联网等信息化手段，为家长及婴幼儿照护者提供婴幼儿早期发展指导服务，增强家庭的科学育儿能力。"根据这一政策要求，福州市妇女联合会、福州市计划生育协会与福建省人力资源和社会保障厅依托福建省儿童潜能开发教育协会的早教专家核心团队，共同研发出入户早教指导师技能培训工种及相关培训课程。

自2020年6月以来，入户早教指导师培训班开展公益早教进万家活动700余场次，累计服务婴幼儿家庭3.5万余人次；同时，走进20余所高校，为2 000多名学前教育专业在校大学生开展公益培训讲座。这项专业技能培训的影响力正逐步从福州市辐射到福建全省。

"入户早教指导师，就是经过专业培训，可以上门开展早教指导和服务的专业早教老师。"福建省儿童潜能开发教育协会会长陈璟介绍，入户早教指导指的是由专业的早教指导师走进婴幼儿家里，与家长一起分享针对0～3岁婴幼儿的早期教育理念与知识、正确的家庭教育观念、科学的家庭教育方法与对策，为0～3岁婴幼儿提供科学、精准、便利的指导服务。

入户早教指导师培训班负责人、福州市早期教育指导服务中心负责人游丽群说："我们的目的是让家长学会如何优育优教、怎样培养孩子的好习惯等。因此，入户早教指导师会在服务前后与家长深入沟通。指导师开展教学指导注重因人而异，教具上多会选择居家常用物品，要求家长务必在场一起学习。"

社区群众对入户早教指导师非常欢迎，有些家庭很早就和指导师预约了入户指导课程。入户早教指导师小陈介绍，在入户指导时，她会根据婴幼儿的年龄特点，分别从婴幼儿的动作、认知、语言和社会性等多个方面的发展需求确定亲子活动方案，准备上课材料，做好相应档案记录。同时，通过亲子活动课程，分析出宝宝现阶段发育的优势与劣势，及时向家长反馈，告知家长本年龄段婴幼儿的发展情况，积极辅导家长做好家庭育儿工作，促进宝宝的全面发展。很多家长表示，通过入户早教指导，自己对孩子各个阶段的能力发展更加明晰了，希望在孩子成长过程中随时接受指导。

（资料来源：李菁雯，《入户早教指导师：科学精准便利服务婴幼儿家庭》，
《中国妇女报》，2023年7月10日，有改动）

项目综合评价

各组成员结合理论知识的学习情况，课前、课中和课后的任务完成情况，以及素养目标的达成情况3个方面，按照表1-4的评价标准对该项目的学习效果进行自评和互评，并请教师进行总体评价。

表1-4　项目考核评价表

考核内容	评价标准	分值	评价得分		
			自评	互评	师评
知识与技能考核	能够复述亲子教育与亲子活动的概念	10			
	能够简要介绍亲子活动的特点	10			
	能够举例说明亲子活动的类型	10			
	能够理解亲子活动的作用	10			
过程与方法考核	课前积极预习本项目的内容	10			
	课中认真听讲，并积极参与课堂互动	10			
	课后主动复习，并积极参与课后实践活动	10			
综合素养考核	具备正确的育儿观念，尊重婴幼儿的发展规律	10			
	拥有良好的职业素养，热爱婴幼儿教育事业	10			
	具有团队合作意识和乐于探索的精神	10			
总评	自评（30%）+互评（30%）+师评（40%）=		教师（签名）：		

项目二

婴幼儿亲子活动设计的基础知识

学习目标

- ★ 了解亲子活动设计的原则和要求。
- ★ 知道如何制定亲子活动的目标。
- ★ 能够合理选择亲子活动的内容。
- ★ 掌握亲子活动活动区创设的方法。

素质目标

- ★ 热爱教育事业，具有良好的职业道德修养和明确的职业理想。
- ★ 培养科学探索精神，不断更新教养知识。

项目导入

　　周周一直很喜欢小孩子，也很希望自己将来能从事早教行业。作为相关专业的毕业生，周周应聘了某早教机构早教教师的岗位。面试之前，该早教机构要求周周先完成一道笔试题。早教机构会根据周周的笔试情况决定是否让其进入面试环节。笔试题题目如下。

　　本机构每月都会为当月出生的不同年龄段的婴幼儿举办生日会亲子活动。活动当天，早教教师需指导家长带领孩子参与一系列亲子活动。本月的生日会马上就要开始了，假如你是 1～1.5 岁幼儿生日会亲子活动的策划教师，你会为此次生日会设计哪些亲子活动？每个活动的目的是什么？

　　周周认为题目很容易，简单思考后，她设计了以下 4 个亲子活动。

　　活动 1：家长告诉幼儿过生日时需要做什么。目的是帮助幼儿掌握生活常识。

　　活动 2：家长为幼儿唱生日歌并教幼儿说"生日快乐"。目的是使幼儿快速融入生日会的氛围，同时发展幼儿的语言能力。

　　活动 3：家长引导幼儿自己切蛋糕。目的是训练幼儿手部肌肉的力量。

　　活动 4：家长和幼儿一起品尝生日蛋糕。目的是增进亲子之间的情感交流。

　　思考：你认为周周有可能进入面试环节吗？为什么？请你为周周的笔试题打分，并说出评分理由。

模块一　婴幼儿亲子活动设计的原则和要求

一、亲子活动设计的原则

（一）适宜性原则

　　适宜性原则是指在设计亲子活动时要从婴幼儿的年龄特点、发展水平和情感需求出发，所设计的亲子活动必须适合婴幼儿开展。具体来说，在设计亲子活动时，要从以下两个方面着手：① 既要考虑婴幼儿当前的发展水平，又要着眼于婴幼儿"最近发展区"的发展需求；② 既要考虑婴幼儿的群体发展水平，又要关注不同婴幼儿的个体差异。

适宜性原则是亲子活动设计的根本原则，应贯穿制定活动目标、选择活动内容、创设活动环境、准备活动材料等各个环节中。

> **知识卡片**
>
> "最近发展区"的概念由苏联心理学家维果斯基提出，是指儿童实际发展水平与潜在发展水平之间的距离。其中，实际发展水平是指儿童独立解决问题的现有水平；潜在发展水平则是指儿童在成人指导下或更有能力的同伴帮助下解决问题的水平。维果斯基认为，教学内容低于儿童的实际发展水平，儿童没有兴趣；教学内容超过潜在发展水平，儿童无法达到发展目标。这两种情况均无法达到既定的教学目的。因此，亲子活动设计应着眼于婴幼儿的最近发展区，为其提供一定的指导，把婴幼儿的潜在发展水平变成实际发展水平，并不断创造新的最近发展区。

（二）整体性原则

整体性原则是指在设计亲子活动时要综合考虑婴幼儿的动作、认知、语言、社会性等各个方面的发展。婴幼儿的发展是多元的、全方位的、综合的发展，各个方面的发展相互促进、相互影响。例如，婴幼儿动作发展的水平决定着其探索世界的能力，进而影响其认知水平、语言水平的发展。若某一方面发展不到位，则会影响婴幼儿的整体发展水平。因此，在设计亲子活动时，不应只单纯考虑婴幼儿的智力发展，而且要考虑如何挖掘活动多方面的价值，以促进婴幼儿的整体、和谐发展。

（三）适度性原则

适度性原则是指在设计亲子活动时要考虑婴幼儿的身心承受能力，科学、适度安排活动内容和活动时间。婴幼儿年龄较小，身心发育还不够完善，短时间内能够接受外部的刺激量有限，活动时间过长或活动量过大都容易使婴幼儿感到疲劳。因此，在设计亲子活动时，要注意活动实施的时长和强度应与婴幼儿的年龄相匹配；要采取动静交替的活动方式，即在活动量较大的活动后安排相对安静的活动，让婴幼儿得到适当的休息，以此把控活动量，防止婴幼儿过度疲劳。

教学评析

> **某早教机构 1.5～2 岁幼儿"亲子派对"活动实施流程**
>
> **一、入场**（8:20—8:30）
>
> 家长带领孩子入场。入场时，家长要引导孩子用动作或语言向早教教师、同伴问好。

二、自主亲子活动时光（8:30—9:20）

家长和孩子一起进入自主亲子活动区，在不同的活动区自主开展不同的亲子活动，如在阅读区读绘本、在动手区插花、在运动区走平衡木等。

三、休息时光（9:20—9:30）

如厕、洗手、喝水。

四、集体亲子活动时光（9:30—10:00）

1. 随我摇摆

目标：① 通过热身活动，使幼儿和家长进入活动状态；② 训练幼儿的拍、跳、跑、扭、摇头和点头等粗大动作。

玩法：早教教师播放音乐，家长跟随音乐摇晃身体，做拍、跳、跑、扭、摇头和点头等动作，同时引导幼儿模仿各种动作。

2. 儿歌填词

目标：让幼儿开口说话。

玩法：早教教师选一首儿歌，家长教孩子唱歌；在孩子熟悉歌词后，家长每唱一句，都留出每句歌词的最后一个词，让孩子接唱。例如，家长唱"一闪一闪"，孩子唱"亮晶晶"。

3. 快乐接力

目标：训练幼儿的记忆力，培养其对水果的认知能力。

玩法：早教教师分发各种水果玩具，家长教孩子识别水果，让孩子记住不同水果的名称。早教教师发出指令，孩子根据指令拿水果并传给妈妈，妈妈再传给爸爸。

五、休息时光（10:00—10:30）

如厕、洗手、喝水、吃点心。

六、亲子手工（10:30—10:50）

名称：妈妈的项链

目标：① 教幼儿学会捏、拉等精细动作；② 促进幼儿手眼协调能力的发展；③ 培养幼儿对颜色、形状、大小的认知能力。

玩法：早教教师为每个家庭准备若干大小、形状、颜色都不同的带孔花瓣，以及一根彩绳。家长帮孩子拉好彩绳头，然后教孩子将所有花瓣穿起来。最后家长帮助孩子给彩绳打结。

七、合影留念、离场（10:50）

离场时，家长引导孩子用动作或语言向早教教师、同伴告别。

评价与分析：

该早教机构"亲子派对"活动在流程安排上较好地遵循了适度性原则。首先，每个环节的时间和活动强度符合 1.5～2 岁幼儿的发展需求，且中间安排了适当的休息时间；

其次，采取了动静交替的活动方式，如在活动量较大的"随我摇摆"活动后进行相对轻松的"儿歌填词"活动；最后，活动形式比较丰富，包括动作活动、认知活动、语言活动等。

（四）指导性原则

指导性原则是指在设计亲子活动时要有目的、有计划、有组织地对家长开展科学育儿的具体指导。亲子活动的重要目的之一就是帮助家长树立正确的育儿观念，掌握科学的教养方法和技能，提高家长的育儿水平。因此，在设计亲子活动时，早教教师要注重对家长的指导，要使每位家长都有所收获，而非仅仅带领家长开展亲子活动。

（五）生活性原则

生活性原则是指所设计的亲子活动要与婴幼儿的生活密切结合，即亲子活动既要源于生活，又要为生活服务。具体来说，在设计亲子活动时，活动内容要贴近婴幼儿的生活，环境创设、材料选取都要结合生活中的场景，以使婴幼儿在熟悉的情境中获得动作、认知、语言、社会性等方面的发展。

例如，亲子活动"喂喂小动物"，活动内容为让19~24个月的幼儿给小动物准备食物、喂饭，活动材料为幼儿吃饭时使用的小勺子和餐盘，活动场地为餐桌旁。这样生活化的亲子活动可以锻炼幼儿握勺子的动作，能有效培养其用勺子吃饭的能力。

（六）延伸性原则

延伸性原则是指在设计亲子活动时要考虑活动能否延伸到家庭中。家庭是婴幼儿获取早期教育的主要场所，家长是婴幼儿早期教育的主要负责人。在早教机构中开展亲子活动的时间和内容是有限的，难以解决婴幼儿在发展过程中遇到的所有问题，也无法满足婴幼儿全方位的发展需求。因此，在设计亲子活动时要考虑活动是否能向家庭延伸、如何向家庭延伸等问题。

具体来说，在设计亲子活动时，早教教师要尽可能地选择具有代表性、容易向家庭延伸的活动内容；在活动过程中，早教教师要为家长进行必要的示范、讲解；在活动结束后，早教教师要向家长介绍一些回到家后能够继续进行的延伸活动，并布置相应的活动任务，鼓励家长举一反三，不断创新。

课堂互动

今天，月月老师带领几组2~3岁的幼儿家庭开展了一场名为"走平衡木"的亲子活动。在活动中，月月老师指导家长牵着幼儿的手走平衡木，告诉家长待幼儿动作熟练后，方能放手让幼儿自己顺着平衡木的方向往前走。月月老师还让家长站在平衡木旁边温柔地鼓励幼儿，并做好保护措施。幼儿走到终点后，月月老师还指导家长拥抱幼儿，并借助语言、表情和动作赞美幼儿。在活动过程中，幼儿和家长都表现出极大的兴趣，活动的氛围非常好。月月老师感觉活动开展得很成功。

　　活动即将结束时，一位家长问她："月月老师，感觉宝宝非常喜欢这个游戏，玩得很开心、很投入，可我们回家后没有平衡木该怎么办呢？"月月老师顿时头脑一片空白，不知道该如何回答这位家长的提问，因为她在设计活动时没有想过"如何让活动延伸到家庭中"这一问题。

　　想一想：如果你是月月老师，在设计上述亲子活动时该如何将此活动延伸到家庭中呢？

二、亲子活动设计的要求

（一）重视家长的作用

　　对于婴幼儿教育来说，"家园共育"是非常重要的一部分。"家园共育"最大的特点在于"共"字，即早教机构与家庭，早教教师与家长要相互配合、相互支持。早教机构要充分、合理、有效地利用家长资源，早教教师要本着尊重、平等、合作的原则，争取家长的理解、支持和主动参与。对家长资源的利用主要包括以下两个方面。

1. 组织家长提供活动材料

　　在亲子活动中，合适的活动材料能够激发婴幼儿参与活动的积极性和主动性，而亲子活动主题众多，需要种类繁多、数量充足且贴近生活的材料，只有这样，才能更好地促进活动的顺利开展。

　　在设计与开展亲子活动时，早教教师可以借助家长的力量，将婴幼儿家庭中的闲置物品作为活动材料，一方面可以更好地为婴幼儿创设生活化情境，另一方面也可启发家长的创造性思维，使其能够自然而然地将亲子活动延伸到家庭中。例如，在设计"娃娃的盛装"活动时，早教教师可以让家长把婴幼儿穿不下的各种小衣服带到早教机构；在设计"串铃"活动时，早教教师可以让家长把家里不用的塑料瓶瓶盖带到早教机构；等等。

2. 邀请家长当活动配教

　　亲子活动往往由早教教师一人主持，而活动过程中需要多人的配合。早教教师可以让家长在亲子活动过程中轮流当配教，配合早教教师一起促进亲子活动的顺利开展。在这个过程中，家长也能够进一步了解早教机构的教育目标和早教教师的工作内容，从而正视家庭教育与机构教育之间的关系，明确家园共育的重要性。

（二）重视音乐的作用

在亲子活动中，音乐的选择至关重要，合适的音乐不仅是亲子活动的重要组成部分，还可以调节婴幼儿的情绪，调动其参与活动的积极性。因此，在设计亲子活动时，应重视音乐的作用，要选择合适的音乐以促进活动的顺利开展。

1. 活动开始前

活动开始前，早教教师可以选择轻松、舒缓、旋律简单、令人愉悦的音乐来稳定婴幼儿的情绪，缓解婴幼儿刚进入陌生环境的紧张感，让其在和谐、愉快的氛围中开始亲子活动。例如，某早教教师在活动开始前选择《哈啰歌》作为导入环节的音乐。在悦耳的音乐声中，早教教师与每一个家长、孩子问好，引导孩子与父母一起点头、拍手、微笑，互相打招呼，以便在轻松愉悦的氛围中开始亲子活动。

热身活动

2. 活动过程中

在活动进行环节，早教教师可以根据活动内容选择节奏明快、动感十足的音乐。例如，亲子活动"观察小鸭子"可以选择《两只小小鸭》作为背景音乐，在轻松活泼的音乐伴随下，早教教师带领孩子与家长一起开展观察小鸭的特征、学小鸭走路、请家长扮演鸭妈妈带鸭宝宝做游戏等系列活动。

3. 衔接环节

在活动衔接环节可以选择简短、节奏感强的音乐。这类音乐可以缓解婴幼儿的疲惫感，避免婴幼儿出现消极等待的情况，帮助婴幼儿以饱满的精神状态进入下一个活动环节。

 教学评析

开汽车

某早教机构的昕昕老师设计了一个律动亲子活动——"开汽车"。活动过程如下。

（1）在早教教师的指挥下，家长和孩子伴随《开车舞》的旋律进入活动场地。进入场地后，家长教孩子认识小汽车的外观（包括形状、颜色和构造等），介绍开玩具车的方法及一些安全乘车的常识。

（2）早教教师播放儿歌《小汽车》。孩子握着方向盘开车，家长在车旁跟随，并且一边随着音乐打节拍，一边指导孩子做减速、加速、红灯停车、按喇叭等动作，还要根据早教教师的指示及时喊"出发啦""到站啦""下车啦"等口号。

（3）"开汽车"活动结束后，早教教师播放《幸福拍手歌》，家长和孩子伴随音乐一起为下一个亲子活动做准备。

评价与分析：

在"开汽车"亲子活动中，音乐贯穿始终。活动前，早教教师用一首简单明快、令人愉悦的《开车舞》，让家长和孩子快速进入活动状态。活动中，家长和孩子伴随动感十足、节奏明快的儿歌《小汽车》，开展了一系列与"开汽车"有关的活动。活动结束后，家长和孩子又在《幸福拍手歌》营造的欢快氛围中进入下一环节。

模块二　婴幼儿亲子活动设计的思路

一、亲子活动目标的制定

亲子活动目标是指在实施亲子活动之前，对活动预期结果的主观设想。它指明了活动开展的方向，指出了活动应达到的标准或要求，指导并贯彻于整个活动。可以说，科学的亲子活动目标是亲子活动顺利开展的基础。因此，早教教师要重视活动目标的重要作用，制定科学、合理的活动目标。在制定活动目标时，早教教师应从婴幼儿和家长两个方面着手。

（一）婴幼儿活动目标的制定

1. 符合婴幼儿的年龄特点和发展水平

亲子活动目标的确立应当以婴幼儿的年龄特点和发展水平为准绳和依据。例如，一般情况下，12 个月的婴儿可以用整只手掌握住蜡笔在纸上留下笔痕；27 个月的幼儿会模仿成人的动作在纸上画出竖线；33 个月的幼儿会画圆；36 个月的幼儿会画交叉线。因此，在为 12 个月的婴儿设计握笔绘画活动时，若将活动目标制定为让婴儿学会画圆，就是不可能实现的。

2. 注意整体性

早教机构开展亲子活动的目的是促进婴幼儿全面、协调的发展，活动目标的设定应当体现整体性的思想。整体性是指在制定活动目标时，要充分挖掘活动在动作、认知、语言、社会性等多方面的价值，而不能只注重那些智力、认知发展等方面，而忽视了动作、情感发展等方面。例如，在"认识小动物"的活动中，不能只将让婴幼儿认识不同小动物的颜色、大小、叫声等特征作为发展目标，还应制定动作发展目标，如让婴幼儿模仿各种小动物的走姿、跑跳等。

3．具体、具有可操作性

活动目标是否具体和是否具有可操作性决定着活动能否有效开展。因此，在制定亲子活动目标时，既不能过于空泛或过于概括，也不能过于理想化。例如，若亲子活动目标制定为"锻炼婴幼儿的手部精细动作"，就不够明确。因为婴幼儿的手部精细动作较多，需要进一步指出通过什么样的方法完成哪一项手部精细动作的锻炼。对此，可以将活动目标改为"通过用手指按键盘、拨玩具闹钟的指针等方式，锻炼婴幼儿按、压、拨等手部精细动作"。

4．兼顾全体和个体的发展需求

婴幼儿个体的活动经验和能力存在差异，且年龄越小个体差异越明显。因此，制定一个符合全体婴幼儿发展水平的活动目标几乎是不可能的，但在集体亲子活动中又必须围绕一个统一的活动目标开展活动。这就要求所制定的活动目标有一定的弹性，在这个弹性区间内，活动目标既能关注到全体婴幼儿的发展需求，又能照顾到个体婴幼儿的发展需求。

例如，在"朋友越多越快乐"亲子活动中，活动目标分为三个层次，第一层要求婴幼儿在成人的引导和示范下，有和同伴一起玩游戏的愿望；第二层要求婴幼儿能用动作或语言与同伴交流（见图2-1）；第三层要求婴幼儿能主动合作。这样的目标能够让不同发展水平的婴幼儿都能通过活动获得语言水平的发展。

图 2-1　与同伴交流

（二）家长活动目标的制定

1．能够帮助家长树立正确的育儿观念

早教教师应通过亲子活动让家长树立起正确的育儿观念，如尊重婴幼儿各方面的发展规律、理解婴幼儿的发展差异、重视婴幼儿的情感关怀和明确家长作为婴幼儿第一任教师的责任等。例如，早教教师小清在设计"抛接球"的活动时，制定的家长活动目标中包括"接纳宝宝在面对挫折时产生的不良情绪，并帮助宝宝缓解不良情绪"这一项。这一目标能够帮助家长树立尊重婴幼儿情绪发展规律的理念。

2. 能够帮助家长学习具体的育儿知识

婴幼儿在动作、认知、语言和社会性等多个方面的发展存在一定的规律，家长需要在具体的亲子活动中逐步掌握。因此，在制定家长活动目标时，要关注家长是否能够通过某一项亲子活动学到具体的育儿知识。例如，在制定"穿花瓣项链"活动的家长活动目标时，可以加入"了解×月龄宝宝对颜色、形状和大小的认知能力"这一项。这一目标能够使家长了解婴幼儿的认知发展规律，并在亲子活动中反思自己的教育实践，避免出现"拔苗助长"的情况。

3. 能够帮助家长掌握具体的育儿方法

帮助家长掌握具体的育儿方法是开展亲子活动的目的之一。因此，早教教师在制定亲子活动目标时，必须对此提出明确的要求。例如，在制定"这是什么小动物"这一亲子活动的家长活动目标时，应加入"掌握引导宝宝开口说话的方法"这一项。

 教学评析

我会自己穿袜子

适宜月龄：18～24个月。

幼儿活动目标：

（1）掌握自主穿袜子的生活技能。

（2）通过练习把袜子套在脚上的动作，提高手眼协调能力。

（3）学会向上拉袜子的动作。

（4）学会说"穿""袜子"等字词。

（5）初步学习区分左右。

家长活动目标：

（1）掌握教幼儿自主穿衣的方法。

（2）了解18～24个月幼儿动作发展的特点。

活动准备：几双儿童袜子。

活动过程：

（1）早教教师拿着袜子对幼儿说："宝宝，这是什么呀？"然后指导家长教幼儿说"穿""袜子"等字词。

（2）早教教师继续对幼儿说："你看这些小袜子多可爱啊，我们把它们穿在脚上吧。"

（3）早教教师讲解操作方法：家长先将袜筒卷起来，卷至袜子前缘脚趾头的部分；然后把袜子套在幼儿的右脚上，套好后将卷起的袜筒展开并拉至脚后跟；再用两只手抓住袜腰往上拉。穿好后，家长对孩子说："你看，妈妈（爸爸）已经帮你把右脚的小袜子穿上啦，你自己把左脚的袜子穿上吧。"

（4）早教教师讲解家长指导要点：① 不要包办；② 如果幼儿一直穿不上袜子，不要批评幼儿，而要多示范几次，让幼儿熟悉穿袜子的具体动作；③ 夸奖的动作和语言要贯穿整个活动。

（5）家长引导幼儿正确配对袜子。

（6）家长按照早教教师的提示，教幼儿穿袜子。

评价与分析：

"我会自己穿袜子"这一亲子活动的目标制定较为合理、科学、全面。

首先，该亲子活动的幼儿活动目标不仅能够满足18～24个月幼儿的发展需求，还注重整体性，即活动目标包括动作发展目标（如学会向上拉袜子的动作）、语言发展目标（如学会说"穿""袜子"等字词）、认知发展目标（如学习区分左右）等。此外，该亲子活动的幼儿活动目标较具体、具有可操作性。

其次，该亲子活动的家长活动目标明确了对家长的要求：学习具体的育儿知识，掌握具体的育儿方法。

二、亲子活动内容的选择

（一）亲子活动内容的选择原则

1. 贴合婴幼儿的生活经验

0～3岁婴幼儿的思维方式以具体的形象思维为主，只有贴合其生活经验的活动内容才比较容易被他们理解和接受。因此，在选择亲子活动内容时，要以婴幼儿的生活经验为基础，选择婴幼儿熟悉的、与生活情境相关的内容，而不是从早教教师的主观愿望出发，片面强调知识、能力的获得和技能的训练。

2. 符合婴幼儿的兴趣

"兴趣是最好的老师"。兴趣是婴幼儿不断探究"未知"世界的动力源泉，也是开展各项活动的前提和保障。因此，在选择亲子活动内容时，应从婴幼儿的兴趣出发，使其乐于参与活动。例如，当早教教师发现婴幼儿对小动物具有强烈的兴趣时，可以选择将小动物作为活动主题，在此基础上设计相关的亲子活动，如"模仿小动物叫""认识小动物""学小动物走"等。

3. 遵循婴幼儿的身心发展规律

婴幼儿的身心发展具有一定的规律性。在选择活动内容时，要遵循婴幼儿的身心发展规律，由易到难，由简单到复杂，逐步深化活动内容。例如，11～12个月，婴儿会对"走"表现出极大的兴趣。此时，家长扶着婴儿的腋下（见图2-2），婴儿能够慢慢地往前走。经过一段时间的训练，婴儿能够自己扶着物体向前走（见图2-3）。1岁以后，幼儿逐渐能独自行走。2岁左右，当幼儿自己行走自如时，他们开始尝试向前跑。因此，在选择活动内容时，可以依据婴幼儿的身心发展规律，按照扶腋走—扶物走—独自走的顺序设计相关的活动，层层推进活动难度，直至婴幼儿掌握行走动作。

图 2-2　家长扶着婴儿的腋下

图 2-3　婴儿自己扶着物体向前走

4. 体现整合性理念

婴幼儿的发展是各个方面整体的发展，各个方面相互影响、相互促进。因此，在选择活动内容时，要尽量涵盖多方面的能力培养。例如，在"打开小瓶盖"亲子活动中，为了增强13～18个月幼儿手指和手腕的灵活性，可以设计让幼儿练习"拧"这一动作的环节；为了促进幼儿语言理解能力的发展，可以设计让幼儿根据指令做动作的环节。

（二）亲子活动内容的选择范围

一般来说，0～3岁婴幼儿亲子活动包括动作活动、认知活动、语言活动和社会性活动4个方面的活动。

1. 动作活动

动作活动是指培养婴幼儿大肌肉和小肌肉的控制能力，并促进其身体运动技能不断发展的系统性训练活动，主要针对粗大动作和精细动作两个方面。

粗大动作是指个体身体躯干和四肢的动作，包括由头颈部肌肉群、躯干部肌肉群和四肢肌肉群所参与控制的基本姿势和位移动作，具体表现为抬头、翻身、坐、爬、站、走、跑、跳、投掷、攀登等。精细动作是指个体以手及手指等部位的小肌肉或小肌肉群为主导完成的动作，需要由感知觉、注意等心理活动的配合来完成，具体表现为抓握、捏、搭、撕、拧、画、折、夹、剪等。

无论是粗大动作还是精细动作，都能够很好地促进婴幼儿肌肉、骨骼、大脑等的发育。因此，在选择亲子活动内容时，早教教师理应将动作活动作为首要选择。

2. 认知活动

认知活动是指帮助婴幼儿获得对客观世界的正确认识，使其积累一定的知识经验和认知能力的活动。

著名的心理学家皮亚杰将 0～3 岁婴幼儿的认知发展划分为两个阶段。第一个阶段是感知运动阶段（0～2 岁），这一阶段是婴幼儿认知能力初步发展的时期，婴幼儿主要靠感觉和动作来适应外部环境、认识周围世界，并逐渐认知到自己与他人（家长、同伴等）、自己与物体之间的不同。第二阶段是前运算阶段（2～7 岁），在这一阶段，婴幼儿的语言能力迅速发展，开始学习并逐渐掌握运用简单的语言或较为抽象的符号代表他们认识的事物。

婴幼儿的认知发展与其在动作、语言、社会性等方面的发展密不可分。在选择亲子活动内容时，早教教师要重视对婴幼儿认知能力的培养，尊重婴幼儿的认知发展规律。

3. 语言活动

语言活动是指在婴幼儿的生活环境中与婴幼儿进行的一系列语言交流或专门的语言训练活动。

婴幼儿的语言发展是一个循序渐进的过程，通常会经历 3 个阶段，即语言准备阶段、语言理解阶段、语言表达阶段。0～1 岁是婴儿的语言准备阶段，这一阶段，大部分婴儿还不会说话，但在为语言产生做积极的准备。1～1.5 岁是幼儿的语言理解阶段，这一阶段，绝大多数幼儿开始开口说话，能说出一定数量的词汇，对成人语言的理解能力迅速发展。1.5～3 岁是幼儿的语言表达阶段，这一时期是幼儿语言发展的突发期，幼儿的词汇量迅速增加，能说出短语和句子，听和说的积极性都很高。

由于 0～3 岁是婴幼儿语言发展的敏感期。因此，在选择活动内容时，早教教师要侧重选择对婴幼儿的语言发展有帮助的内容。

4. 社会性活动

社会性是婴幼儿为适应社会生活所表现的心理与行为特征。具体地说，社会性是婴幼儿在与社会生活环境相互作用的过程中掌握社会规范，形成社会技能，学会扮演社会角色，发展社会行为，并以独特的个性与人相互交往、相互影响，适应周围社会环境，在由自然人发展为社会人的过程中所形成的一切特性。

社会性作为婴幼儿的一种心理特性，主要包括社会认知、社会情感和社会行为 3 个方面。社会认知主要是指婴幼儿对自己、对他人、对社会环境、对社会活动、对社会行为规范和社会文化的认知；社会情感主要是指婴幼儿的依恋感、自尊感、同情心、羞愧感、是非感和爱憎感等；社会行为主要是指婴幼儿交往、分享、谦让和助人等社交技能。

社会性能力对于婴幼儿适应社会环境至关重要。因此，在选择亲子活动内容时，早教教师要选择一定的社会性活动，为婴幼儿社会性能力的发展创造条件。

需要注意的是，虽然亲子活动内容被划分为 4 个相对独立的方面，但在设计亲子活动时，早教教师要坚持相互渗透和相互促进的原则，全面地选择活动内容，以确保婴幼儿的全面发展。

三、亲子活动区的创设

亲子活动区是根据婴幼儿的发展需求和亲子活动目标创设的，以供婴幼儿与家长在早教机构中开展自主亲子活动的场所。

（一）亲子活动区的创设原则

1. 空间布局科学

规划活动区要做到整体考虑、科学布局。首先，在设计之初就要考虑规划哪些类型的活动区，这些区域能否满足婴幼儿的全面发展需求，能否引起婴幼儿的兴趣。其次，要仔细考虑各活动区的布局，在位置分布上要做到动静分区，避免相互干扰。

2. 空间大小合理

在进行亲子活动时，必须要有充足的活动空间。这就要求在创设亲子活动区时，要对活动内容和参与活动的人数有较为准确的预期，并以此确定合适的区域面积，确保婴幼儿和家长有足够的空间来开展亲子活动。

3. 氛围营造和谐

亲子活动区是由一系列不同功能的活动区组成的。早教教师可根据每个活动区所承担的功能，灵活利用色彩、灯光或装饰品等为各个活动区营造相应的氛围。例如，某早教机构的美术活动区整体上以原木色为主，辅以活泼明快的颜色点缀。同时，该早教机构充分利用了婴幼儿和家长一起创作的美术作品，将其作为装饰画安置在活动区内。这样的设计使整个美术活动区显得十分温馨和舒适。又如，某早教机构在设计阅读区时，选择了柔和的灯光、柔软的地毯和座椅，为婴幼儿与家长营造出一个舒适的阅读空间，让他们能够尽情享受惬意的亲子阅读时光。

4. 活动场所安全

无论创设哪类亲子活动区，都要遵守安全第一的原则。这要求活动区内没有尖锐物品、危险障碍物或其他可能对婴幼儿造成伤害的物品；地面应平整，同时要注意防滑；应具有良好的照明条件，以确保可见性；设置一些边界标志或围栏，以确保婴幼儿在安全范围内活动。

（二）亲子活动区的分区设置

早教机构可根据自身条件或当地特色设置符合自身实际的各种活动区，但一般来说，应包括以下类别。

某早教机构亲子活动区展示

1. 运动区

运动区是婴幼儿进行动作练习的主要活动区域，一般分为室内运动区和室外运动区两种。

室内运动区的活动材料通常有小型滑梯（见图2-4）、多功能攀爬架（见图2-5）、彩虹隧道（见图2-6）和各种拖拉玩具（见图2-7）等。婴幼儿在此可以开展爬、钻、跳、拉、绕障碍物走和上下肢力量训练等活动。

图 2-4　小型滑梯

图 2-5　多功能攀爬架

图 2-6　彩虹隧道

图 2-7　拖拉玩具

室外运动区的活动材料通常有大型滑梯（见图2-8）、平衡木、跷跷板、摇马（见图2-9）、转椅、钻网、轮胎、各种球类、木板和小推车等。婴幼儿在此可以开展走、跑、跳、爬、钻、攀登、骑车、投掷和踢球等活动。

运动区不同的活动材料可以促进婴幼儿不同运动能力的发展。例如，婴幼儿在攀爬架上爬上爬下能够培养其上下肢的力量及对高度的感知能力；拉着拖拉玩具向前走能够培养其平稳行走的能力。

图2-8　大型滑梯

图2-9　摇马

知识卡片

　　早教教师在开展运动区亲子活动时要考虑的三大要素：① 本次活动着重发展婴幼儿的哪些动作能力；② 如何培养婴幼儿的综合运动能力；③ 怎样在运动中促进婴幼儿的智力发展。

2．动手与益智区

　　动手与益智区常设置的活动材料有珠子与绳子、拼图、分类玩具、敲打玩具、套圈玩具和图形玩具等。婴幼儿在此可以开展串珠、拼图、分类、配对、镶嵌、套叠和图形组合等活动。

　　在动手与益智区开展亲子活动能够促进婴幼儿手部精细动作的发展，提高其手眼协调能力；培养其专注力和感知能力；激发其探究兴趣和求知欲望，培养其分析问题和解决问题的能力。

3．生活体验区

　　生活体验区是创设与生活相关的活动情境，让婴幼儿使用与现实生活相关的活动材料获得生活体验的场所。在该区域，活动材料通常有小碗、小勺、玩偶娃娃、带纽扣的衣服、常见的生活用品和各种容器等。婴幼儿在此可以练习用勺子吃饭、穿脱衣服和解系扣子等生活技能。

　　在生活体验区开展亲子活动能够激发婴幼儿主动探索生活的兴趣，提高其生活自理能力。

课堂互动

　　生活中还有哪些物品适合做生活体验区的活动材料？在亲子活动中该如何运用这些材料？

4．建构区

建构区（见图2-10）是婴幼儿进行结构造型游戏的场所。在该区域，活动材料通常主要有两大类，一类是积木玩具（见图2-11），一类是插塑玩具（见图2-12）。婴幼儿在此可以开展搭积木、玩插塑玩具等活动。

图2-10　建构区

图2-11　积木玩具

图2-12　插塑玩具

建构区所提供的多种活动材料能够让婴幼儿观察和辨识不同的颜色，培养其一定的审美能力，并获得大量关于数、形、空间等方面的经验，使其初步感知对称、有序排列、均衡等形式美。

幼教小课堂

搭积木活动与插塑活动的区别

搭积木活动要求婴幼儿具有一定的拼搭技能，在垒高、架空的搭建中可以提高婴幼儿对平衡点、支撑力等的把控能力。同时，由于搭建好的积木必须固定在某个位置，不能随意移动，因此要求此类活动必须在较大的空间内开展。

插塑活动让婴幼儿通过插塑材料之间的接插来实现各种造型。插塑材料成型后不容易毁坏，可以随意移动，有利于作品的保留。

5. 艺术区

艺术区又可进一步划分为美术区和音乐区两大区域。

1）美术区

美术区（见图2-13）的活动材料通常主要有涂鸦工具（蜡笔、记号笔、油画笔、水彩笔等）、纸质材料（彩纸、白纸等）、撕贴材料、自然材料（树叶、花朵、种子等）和生活用品材料（牙刷、棉签等）等。婴幼儿在此可以开展涂鸦、做撕贴画等手工活动。

图2-13　美术区

> **知识卡片**
>
> 　　设置美术区应注意以下几点：① 应位于光线充足、临近水源、便于清洁之处；② 可在桌上铺一层塑料台布，以防桌面沾上颜料或胶水；③ 各种活动材料要有条理地放置在较低的架子上，以便婴幼儿拿取；④ 活动材料既要适合婴幼儿的年龄，又要确保安全性。

2）音乐区

音乐区的活动材料通常主要有拨浪鼓、双面鼓、摇铃、沙锤和八音敲琴等。婴幼儿在此活动区可以开展跟随音乐跳舞、拍手游戏和敲击乐器等活动。

在艺术区开展亲子活动能够挖掘婴幼儿的创造潜能，让其尽情发挥创意，培养其对艺术活动的信心和兴趣。

6. 角色扮演区

角色扮演区的活动材料通常有家具模型、餐具模型、仿真食品、仿真医疗用品、仿真娃娃、镜子、小书包、服饰、配饰、扇子和彩带等。婴幼儿在此可以开展"过家家"等活动。

在角色扮演区开展亲子活动能够让婴幼儿在模拟生活场景的过程中与他人交往，从而提高其社会交往能力。

7. 自然观察区

自然观察区是以养殖动物、种植植物为主要内容的活动区域。一般来说，自然观察区养殖的动物包括小鸡、小鸭、小鸟、蚕和鱼类等；种植的植物有观赏花卉、豆苗、蒜苗、葱苗和芦荟等。在该区域，婴幼儿主要可以开展两类活动。第一类是观察动物的外形特点及行动、饮食、睡眠等生活习性，喂养动物，等等。第二类是观察植物的发芽、生长等生理现象，给植物浇水，等等。

自然观察区是婴幼儿认识自然界的窗口，如图 2-14 所示。婴幼儿在自然观察区能够通过近距离的观察提升认知能力，增长见识，激发对大自然的探索欲。

图 2-14　自然观察区

幼教小课堂

自然观察区设置的原则

（一）随季节变换更换布置

自然观察区需要展现自然界的季节特性，为婴幼儿关注和感知大自然创设良好的环境条件。例如，春季是万物萌动的季节，适合栽培春季常见的、易成活的植物，可以让婴幼儿观察种子发芽的过程，也可养殖小蝌蚪，让婴幼儿观察小蝌蚪变成青蛙的过程；秋季是丰收的季节，适合让婴幼儿开展收集种子、观察落叶等活动。

（二）充分发挥婴幼儿的主动性

在布置自然观察区时，无论是自然物的收集、物品的摆放还是日常的照顾维护，都应引导婴幼儿积极参与，为其创造自主实践（如浇水、换水）的机会。

8. 阅读区

阅读区（见图 2-15）是婴幼儿与家长进行自主阅读的场所。该区域的活动材料通常有不同类型的书，如布书、塑料书、可以拼插的书、声音书和立体书等。婴幼儿在此活动区可以开展读绘本、讲故事和背古诗等活动。

在阅读区开展亲子活动能够帮助婴幼儿养成良好的阅读习惯，进一步提升其学习能力。

图 2-15　阅读区

　　理想的阅读区要具备 4 个基本条件：① 安静（远离较为嘈杂的区域）；② 光线充足（适合靠窗的位置）；③ 活动材料在婴幼儿的视线范围内（书架不宜太高）；④ 空间要适宜（铺设地毯或地垫）。

（三）亲子活动区的材料选择

　　活动区的材料是婴幼儿进行活动的主要对象，直接影响活动能否有效开展。在创设亲子活动区时，应选择安全的、有层次的材料，以促进各亲子活动区活动的有序开展。

1. 安全性

　　在选择活动区的材料时，应将安全性放在首位。保证材料的安全性要做到以下几点：① 材料的材质要环保、无毒、无味、无副作用。除此之外，材料还应具有一定的硬度和强度，避免在正常使用过程中破碎而对婴幼儿造成伤害。例如，生活体验区提供的小碗、小勺适宜用塑料材质而不适宜用陶瓷材质。② 材料的摆放要合理、安全。例如，为了方便婴幼儿使用，美术区中的各种绘画工具，如颜料、画笔、画板和画纸等，应放置在低矮的桌子上；颜料应装在小颜料盒或小碗中，并将其放置在固定的架子或托盘上，以防止架子或托盘倒下砸伤婴幼儿或颜料倾洒出来。此外，在每次活动结束后，还要将使用过的活动材料放回原来的位置，以便婴幼儿下次使用。③ 材料要定期进行彻底的清洁、消毒。

2. 层次性

　　选择材料时要考虑纵向的层次性和横向的层次性两个方面。

　　纵向的层次性是指不同年龄段的婴幼儿在发展水平上存在差异。例如，10 个月的婴儿还不会用勺子吃饭，而 3 岁的幼儿已经熟练掌握使用勺子这一生活技能。因此，对于前者，在活动中为其提供小勺和小碗毫无意义。

横向的层次性是指同一年龄段的不同婴幼儿在能力、兴趣、爱好等方面存在个体差异。例如，婴幼儿与家长在建构区开展自主活动时，对不同婴幼儿应提供不同的材料。对于垒高、架空能力较强的婴幼儿，可以为其提供积木材料；对于对拼接感兴趣的婴幼儿，可以为其提供插塑材料。

帮助早教机构设计亲子活动区

某早教机构在一大型商场租用场地，准备开展早期教育培训。其中，亲子活动区占地面积约 300 平方米。现在，请全班同学帮助该早教机构对亲子活动区进行设计，为家长与婴幼儿进行亲子活动创设合适的场所。请根据表 2-1 所列的步骤和相关内容完成此次活动。

表 2-1　亲子活动区设计步骤表

步骤	内容	
分组分工	全班同学每 4～6 人为一组，每组选出一位组长	
整体设计	（1）各组成员分工查找与设计亲子活动区有关的资料，包括相关规章制度、优秀案例等。 （2）组长组织讨论会，讨论确定应划分的活动区类型（至少包含 6 类活动区），以及每类活动区的占地面积（预估）、功能、位置、设计要点、设计原则等，画出粗略的总体布局平面图	
分区设计	（1）每位成员选择 1～2 个活动区（根据实际情况分配），并担任所选活动区的主要设计师。 （2）每位成员单独设计自己所选择的活动区。设计时，要考虑以下内容：① 该活动区内可开展的活动类型；② 该活动区的整体布局、色彩搭配、采光情况；③ 该活动区需要购买的活动材料及其报价；④ 该活动区的设计成本（预估）。 注意：① 在设计过程中，小组成员之间要多沟通，多交流；② 每位成员要保存好设计方案和设计图纸	
汇总讨论	（1）组长组织讨论会，每位成员介绍自己设计的活动区，其他成员提出意见并讨论达成共识。 （2）成员根据讨论结果，优化各自负责的亲子活动区设计图。 （3）组长根据讨论结果汇总、整理出完整的亲子活动区布局图，然后与小组其他成员一起分析各活动区所需的活动材料，查找其报价，制作"亲子活动区所需材料及价格清单"	
后续工作	分享	各组在班级内展示本组设计的亲子活动区布局图，分享本组在设计过程中遇到的困难及解决方法
	评选	学生从空间大小是否合理、布局是否科学、氛围是否和谐、活动场所是否安全、造价是否合理等方面点评各组的设计，并投票选出最佳设计方案

续表

步骤	内容	
后续工作	提交成果	各组组长收集各活动区的设计方案和设计图稿，并与本组最终的亲子活动区布局图和"亲子活动区所需材料及价格清单"一起提交给任课教师
	活动评价	各组采取自评、小组互评和教师评价相结合的方式对活动实施情况进行评价，并填写表2-2

表2-2 活动实施评价表

评价标准	分值	评价得分		
		自评	互评	师评
小组成员查找的资料权威、科学、有参考价值	25			
设计的活动区布局科学、合理，选择的活动材料符合该活动区的要求	25			
遇到问题能够积极与他人一起探讨解决方案	25			
能够及时发现自己的不足，确定自己今后的努力方向	25			

破解"带娃难" 社区托育如何发力？

近年来，一些城市率先探索便捷、优质、普惠的社区托育，有效缓解了部分双职工家庭育儿压力，受到广泛认可，但面对日益提升的需求，社区托育仍需完善配套、增量提质，打通服务群众的"最后一公里"。

就近就便，是社区托育的显著特点。位于上海市普陀区的某"宝宝屋"由街道闲置场地打造而成。90平方米的空间分设益智、涂鸦、运动、"娃娃家"等区域，提供托位30个，每天根据预约人数以1∶5的师生比配备照护力量。

边"寄娃"，边学习，是很多新手父母的现实需求，因此也成为社区托育服务的内容。广东省广州市黄埔区某"向日葵亲子小屋"，不仅提供婴幼儿临时托、亲子互动、玩具漂流等服务，营造出睦邻、安心的托育环境，还通过举办家长课堂、进行入户指导等方式，不断把科学养育理念和服务送到年轻父母身边。

随着婴幼儿照护服务被纳入经济社会发展规划，政策法规和标准规范体系逐步建立，我国构建普惠多元托育服务体系有了良好基础。但就刚刚起步的社区托育而言，供需不匹配、配套不到位等问题仍然存在，需推动政府、家庭、社会和市场多方协调、合力推进。

上海开放大学副校长王伯军建议，要通过供给充足的培训实践机会、搭建完整的人才培养体系、完善职业晋升机制等，持续提升托育从业者综合素养，为社区托育增量提质奠定坚实的人才支撑。

（资料来源：吴振东、吴晓颖、郑天虹、郭敬丹、张珺洁，《破解"带娃难"社区托育如何发力？》，新华社新媒体，2023年12月14日，有改动）

项目综合评价

　　各组成员结合理论知识的学习情况，课前、课中和课后的任务完成情况，以及素养目标的达成情况3个方面，按照表2-3的评价标准对该项目的学习效果进行自评和互评，并请教师进行总体评价。

表2-3　项目考核评价表

考核内容	评价标准	分值	评价得分		
			自评	互评	师评
知识与技能考核	能够阐述婴幼儿亲子活动设计的原则和要求	10			
	能够合理制定亲子活动的目标	10			
	能够合理选择亲子活动内容	10			
	能够科学、合理创设亲子活动区	10			
过程与方法考核	课前积极预习本项目的内容	10			
	课中认真听讲，并积极参与课堂互动	10			
	课后主动复习，并积极参与课后实践活动	10			
综合素养考核	能够坚定理想信念，坚守教育使命	10			
	具备主动学习的意识	10			
	能够主动关注婴幼儿教育行业的最新动态	10			
总评	自评（30%）+互评（30%）+师评（40%）=		教师（签名）：		

项目三

婴幼儿亲子活动家长指导的基础知识

学习目标

⭐ 了解亲子活动中家长指导的目标和要求。

⭐ 掌握亲子活动中入户指导的流程。

⭐ 掌握亲子活动现场家长指导的方式、基本流程和注意事项。

⭐ 掌握亲子活动场外家长指导的方式和作用。

素质目标

⭐ 明确亲子活动中家长指导的意义，具备为家长提供正确育儿指导的专业素质。

⭐ 秉持科学的育儿观念，关注婴幼儿的个体差异，学会因材施教。

项目导入

　　球球是个2岁的男孩子，平时非常活泼。球球妈妈总说球球有多动症，因为他对身边的东西都只有"三分钟热度"。每次去早教机构参加亲子活动，球球都会很兴奋地拉着妈妈玩各种亲子游戏，但无论玩什么游戏，他都很难安静地坐下来或全身心地投入。球球总是跑来跑去，一会儿要求玩这个游戏，一会儿要求玩那个游戏。球球妈妈需要一直跟在他的后面，不断地满足他玩不同亲子游戏的要求，并及时阻止他的危险动作。

　　今天的亲子课上，老师拿出了"魔法"积木。球球对"魔法"积木很感兴趣，课前还在教室里跑来跑去的他，一下子就安静下来了。他认真地将圆柱体、正方体、长方体的积木从对应的洞口塞进积木箱里。刚才跟在球球屁股后面累得气喘吁吁的球球妈妈有了难得的清静时间，她开始拿出手机不停地发信息，只有当球球将玩具放进嘴里时，她才干涉一下。

　　又过了一会儿，球球在尝试着将积木放进积木箱时，因为判断不准积木的形状，没办法把一个长方体的积木从正方形的洞口塞进去。连续放了几次都失败后，球球不耐烦地将手上的积木扔得满地都是，嘴里还发出不满的声音。这一举动立即招来球球妈妈严厉的呵斥。球球伤心地哭了，球球妈妈抱起球球边往外走边说："你看，就你不专心！妈妈生气了！"

　　思考： 你认为球球妈妈对球球的教育方式正确吗？请说说你的理由。

模块一　亲子活动中家长指导的目标和要求

　　亲子活动中的家长指导是指早教教师在婴幼儿家中、亲子活动现场或场外有计划、有目的地引导家长提升教养能力，进行科学育儿的指导形式。由于婴幼儿每周参加早教机构开展的亲子活动次数有限，婴幼儿接受教育主要还是在家庭中，因而指导家长科学育儿便成为早教机构亲子课程的重点内容。因此，在开展亲子活动时，早教教师必须重视对家长的指导，努力提高自身的家长指导能力。

一、亲子活动中家长指导的目标

　　亲子活动中家长指导的目标分为总目标和具体目标。总目标是指在亲子活动中早教教师进行的家长指导总体要达到的目标，即早教教师要帮助家长更好地了解婴幼儿，增进家长与婴幼儿之间的沟通与交流，让家长能够掌握科学的育儿知识和方法，提升家长的教养水平，更有效地促进婴幼儿的身心健康。

为实现总目标的要求，早教教师必须将总目标细化为具有可操作性的目标，即具体目标，它是总目标的具体化。亲子活动中家长指导的具体目标要依据活动内容及婴幼儿各个方面能力的发展水平状况来确定。一般来说，早教教师制定具体目标时可从以下3个方面着手。

（一）帮助家长树立正确的教养观念

观念是行为的先导。早教教师对家长指导的第一步就是要改变家长错误的育儿观念，引导其形成正确的儿童观、教育观、儿童全面发展观。这是提高亲子活动效果的前提。具体来说，正确的教养观念体现在以下两个方面。

1. 尊重婴幼儿的发展规律

早教教师要引导家长尊重婴幼儿的发展规律。0～3岁婴幼儿在发展过程中具有个体差异性，但部分家长喜欢在活动中对不同婴幼儿进行横向比较。例如，在"搭高楼"亲子活动中，周周妈妈发现周周在她的协助下只能将积木垒高2～3块，而同龄的彤彤能独自将积木垒高7～8块，她便开始担心周周发育迟缓，强迫周周不断练习垒积木，导致周周对"搭高楼"亲子活动失去了兴趣。

由此可见，早教教师最重要的任务之一就是要引导家长尊重并接纳婴幼儿的发展差异，使他们正视婴幼儿自身的发展步调，能够以婴幼儿之间的自然差异为基础，实施因人而异的个性化教育。

2. 对待婴幼儿要宽容、有耐心

婴幼儿年龄小，自控能力差，活泼好动，注意力不易集中，易出现"错误"或家长眼中的"捣乱"和"破坏"行为。例如，2岁的球球在活动中乱跑，不能安静地坐下来配合家长开展亲子活动。婴幼儿的这种行为会导致部分家长对其发展状态感到担忧、焦虑。对此，早教教师一方面要向家长传授关于婴幼儿生长发育的相关知识，让家长明白出现此种情况是正常的；另一方面要指导家长对婴幼儿的成长树立信心，要允许婴幼儿犯错误。

（二）帮助家长获得正确的教养知识

在亲子活动中，早教教师要帮助家长掌握一定的教养知识，主要包括：① 熟悉不同年龄段婴幼儿身心发展的规律和特点；② 掌握婴幼儿在动作、认知、语言和社会性等方面的发展特点；③ 了解婴幼儿饮食、睡眠、如厕和卫生等日常行为习惯的形成过程与辅助策略；④ 了解婴幼儿常见的特殊行为及其产生原因。

（三）提升家长的教养水平

在亲子活动中，早教教师要尽量提供示范，给予细致的讲解，使家长掌握更多的教养技能，提升教养水平。具体来说，早教教师应指导家长做到：① 为婴幼儿创设适宜的物质环境，营造温馨和谐的精神环境；② 根据婴幼儿的发展需求，开展丰富的亲子活动，并进行高质量的亲子互动；③ 根据婴幼儿的各种行为表现判断其生理、心理需要，针对婴幼儿的个别特殊行为采取有效的教育方法。

> **知识卡片**
>
> 　　随着城市化建设步伐的加快和经济的不断发展，在大部分家庭中，父母双方因忙于工作而不得不将婴幼儿交于祖辈抚养，由此出现了大量隔代教养现象。但祖辈多数存在缺乏婴幼儿教养相关知识、个人能力有限、不易接受新观念等问题，导致对婴幼儿教养不够科学。面对上述情况，早教教师要想办法帮助婴幼儿家庭提升祖辈隔代教养的能力，使他们形成一致的家庭教育力量，发挥家庭合力，共同促进婴幼儿的发展。

二、亲子活动中家长指导的要求

（一）处理好与家长之间的关系

早教教师与家长的关系直接决定了亲子活动的内容、方式及效果。因此，早教教师首先要处理好与家长之间的关系。具体来说，早教教师应做到以下几点。

（1）认识到早教教师与家长之间地位平等。早教教师既不能认为自己是"高高在上"的指导者，家长应该事事听从自己这个"专家"的意见；也不能认为家长是"消费者"，拥有"消费者是上帝"的特权。

（2）尊重每位家长和婴幼儿。早教教师对家长进行指导时，要尊重每一位家长，不应因其在职业、经济条件、受教育水平、长相、个性和身份等方面存在差异而区别对待；要平等地对待每个婴幼儿，不偏袒那些在长相、性格等方面更突出的孩子。

（3）明确亲子活动中双方的角色。在亲子活动中，早教教师不仅是指导者，还肩负着倾听、引导、旁观、辅助等责任；家长也不仅是被动的受指导者，还是亲子活动的实施者、婴幼儿的教育者、早教教师的协助者。

（二）创设指导环境，把握指导时机

一般来说，在亲子活动中，不仅有家长与婴幼儿的互动，还有早教教师对家长的集

体指导及个别指导。要想使家长指导取得较好的效果，早教教师必须创设一定的条件和环境，把握家长指导的内容与时机。

（1）在活动开始前，早教教师适合开展集体指导，即面向全体家长传授一定的教养知识和技巧。需要注意的是，此时对家长进行指导的时间不宜过长，避免婴幼儿感到无聊。

（2）在活动开展过程中，早教教师可以针对亲子活动开展的具体情况，对不同的家长进行个别指导。需要注意的是，在进行个别指导时，最好的时机是婴幼儿全神贯注操作活动材料时，这样可以确保家长有精力和时间接受指导。

（3）早教教师还可以在活动结束后对家长进行指导。此时，早教教师可给婴幼儿喜欢的玩具或给婴幼儿安排其愿意接受的任务，使婴幼儿能自得其乐，避免婴幼儿四处乱跑，使家长因为担心婴幼儿的安全而无法投入谈话。

（三）根据家长的能力和水平提供针对性指导

不同家长在教育观念、身体状况、经济条件、时间和精力、与婴幼儿的互动频次、对婴幼儿的了解程度等方面有所不同。因此，在对家长进行指导时，早教教师要充分了解每位家长的能力和水平，根据其不同的接受能力提供不同层次的指导方案。

> **知识卡片**
>
> 做好家长指导，早教教师应具备以下能力：① 具有婴幼儿各个领域发展的知识储备；② 组织婴幼儿和家长开展活动的能力；③ 调动家长积极参与亲子教育的能力；④ 既能顾全集体，又能发现个别家长、婴幼儿问题的能力。

模块二　亲子活动中的入户指导

一、亲子活动入户指导的内涵

亲子活动入户指导是指由专业指导人员根据家长需求，走进婴幼儿家庭所进行的指导。通过入户指导，早教教师能够指导家长在家庭中更科学地开展亲子活动，并就如何利用亲子活动增进亲子感情、促进婴幼儿身心健康给家长提供科学的建议。

入户指导针对性强，指导方式灵活。入户指导不仅能够使早教教师对婴幼儿及其家庭情况进行更深入的了解，还能够让早教教师结合婴幼儿的家庭实际设计出更有效的亲子活动方案，同时便于早教教师进行更准确的沟通指导。

二、亲子活动入户指导的流程

（一）做好入户调查工作

婴幼儿及其家庭都具有个体差异性。为了更好地在入户指导中实施个别化教育，早教教师在入户指导前要对婴幼儿家庭的基本情况、婴幼儿的发展情况和家长知识储备进行深入调查。所要调查的婴幼儿家庭的基本情况主要包括婴幼儿的家庭成员情况、父母关系、家庭经济情况、家庭居住环境和婴幼儿的主要照顾者及其健康状况等；婴幼儿的发展情况主要包括婴幼儿的健康情况、兴趣爱好，以及其在动作、认知、语言和社会性等方面的发展水平等；家长知识储备主要包括家长的文化水平、对早期教育的了解情况和基本的育儿常识掌握情况等。

只有前期的调查工作做得扎实、到位，早教教师才能获得较为准确、真实、客观的信息，从而设计出针对性较强的亲子活动入户指导方案。

（二）设计入户指导方案

在入户调查的基础上，早教教师还需要为亲子活动入户指导设计合理、完善的指导方案。指导方案要能够明确入户指导的时间、地点、指导人员、指导形式、主题、目标（包括婴幼儿和家长两个方面），以及所要开展活动的内容、材料、过程和家长指导要点等相关的基础内容。

此外，对于有特殊情况的婴幼儿，早教教师要结合其特点，为其设计具有针对性的指导方案，并做好专门的记录档案。

（三）进行入户指导

设计好入户指导方案后，早教教师应按照约定的上门时间进行入户指导。一般来说，这一过程主要包括以下 3 个阶段。

1. 模拟体验

在模拟体验阶段，早教教师可以根据入户指导方案中设计好的亲子活动内容，以模拟的形式为家长示范指导婴幼儿的过程。此时，家长可以在旁边直观地观察早教教师的言行，初步学习开展亲子活动的方法。

在早教教师模拟教学后，家长可以通过模仿早教教师的教学方式，自主地与婴幼儿开展亲子活动。同时，早教教师需要在旁边指导家长行为。例如，在对入户指导对象瑶瑶（11 个月）进行入户调查后，早教教师发现其手指不够灵活，无法完成拇指与食指对捏的动作。在设计入户指导方案时，早教教师以"锻炼瑶瑶对捏等手部精细动作"为活动目标，设计了"捏小虫"亲子活动，并为瑶瑶准备了穿线绕绳的玩具，如图 3-1 所示。

在具体指导时，早教教师拿着苹果上的"小虫子"穿过苹果上的一个洞，把"小虫子"放在洞口，引导瑶瑶用拇指和食指捏出洞口的"小虫子"，以此锻炼其拇指和食指的灵活性，提升其手眼协调能力。在观察了早教教师的示范行为后，瑶瑶妈妈采用早教教师的方法，将一支笔插入笔筒中，引导瑶瑶用拇指和食指捏住笔的顶端将笔拿出来，以此与瑶瑶进行亲子互动。

图 3-1　穿线绕绳的玩具

2. 咨询提升

在咨询提升阶段，早教教师要耐心地倾听家长关于亲子教育的困惑，并积极给予回应，帮助家长解决育儿问题。在这个过程中，早教教师要善于抓住教育契机，适时为家长提供更多的育儿知识。例如，悠悠妈妈向早教教师表示平时自己上班忙，很少陪悠悠玩，也很少关注悠悠各方面的发展情况，最近才发现两岁半的悠悠只会说一些简单的词语，还不会说完整的句子，很担心悠悠的语言发展跟不上。结合悠悠妈妈所反映的问题和悠悠的年龄特点，早教教师告诉悠悠妈妈要在家庭中多开展对话、唱歌、讲故事等语言类亲子活动，为悠悠提供更多开口说话的机会。这样，悠悠随着语言表达能力的提升，自然就会说完整的句子了。

3. 教养互动

在教养互动阶段，家长会提出想要在家中开展的亲子活动，早教教师则根据家长的需求和婴幼儿的实际情况，指导家长与婴幼儿开展亲子活动。例如，当家长提出想要在家中开展亲子阅读活动时，早教教师可以指导家长在家中创设一个阅读区，如选择一个光线好的区域，在地上铺设软垫，设置小书架，使其成为一个适宜的阅读场所。同时，早教教师可以指导家长对家中已有的图书进行分类，如可分为认知类、语言类、艺术类等，还可以指导家长选择适合亲子阅读的图书。

需要注意的是，在入户指导过程中，最好安排另一位早教教师负责观察、记录入户指导过程，以便早教教师在入户指导结束后分析、反思、总结入户指导经验，提高自身的入户指导能力。

模块三　亲子活动现场的家长指导

亲子活动现场的家长指导是指早教教师按照预先设计的亲子活动方案，在带领家长与婴幼儿一起参与活动时，对家长进行的有针对性的指导。

一、亲子活动现场家长指导的方式

（一）示范指导

示范指导是指早教教师按照所设计的亲子活动方案，通过自己与婴幼儿互动的方式，向家长示范如何引导婴幼儿参与活动、如何与婴幼儿互动。示范指导的优点在于指导及时，效果明显。早教教师在示范后，可以立即让家长在活动中进行尝试，从而可以直观地观察到家长是否掌握了指导要点，是否将指导方法正确地运用到了与婴幼儿的互动中。

示范指导

早教教师做好示范指导的关键在于抓住示范的重点，即示范的目标不是"孩子的成功"，而是"家长的进步"。早教教师要让家长意识到，对婴幼儿的指导并不是简单重复早教教师传授的指导方法，而是要根据自己家庭的实际情况，对婴幼儿进行个性化、个别化的指导。

 教学评析

舀花生米

今天，孟孟老师组织 1～1.5 岁的幼儿及其家长开展亲子活动"舀花生米"。在亲子活动开始前，孟孟老师告知家长，开展这场活动的目的是让幼儿学会自己用勺子舀物，培养其生活自理能力，同时帮助家长学会教孩子使用勺子和培养孩子生活自理能力的方法，掌握引导孩子自主解决问题的技巧。

活动开始后，孟孟老师向幼儿示范用勺子舀花生米的方法：用左手扶着装有花生米的碗，右手握住勺子柄部并用勺子舀起花生米，然后将花生米放在旁边的盘子里。家长在旁边观察孟孟老师的动作。

接下来，果果爸爸模仿孟孟老师的示范动作，先引导果果用左手扶着碗，让果果用右手握着勺子并用勺子舀起花生米，然后将花生米放在旁边的盘子里。一开始，果果不能很好地将碗扶稳，果果爸爸便协助他，避免果果在舀花生米时将碗弄倒。当果果成功舀起花生米后，果果爸爸在一旁表扬他："果果勺子拿得真稳，真棒！"果果听到爸爸的夸赞后，更加积极地参与活动。

评价与分析：

在这场亲子活动中，早教教师先向家长讲解了开展本次活动的目的，然后用示范指导的方式向家长演示了教幼儿用勺子舀物的方法。通过早教教师的讲解和示范，家长不仅能够了解开展此次活动的目的，还能够通过模仿掌握教幼儿用勺子舀物的动作要领。

（二）口头语言指导

口头语言指导是指早教教师通过口头交流的方式为家长提供指导。在向家长传达教育理念或针对婴幼儿在活动中的表现进行评价、提出发展建议时，早教教师通常会使用口头语言指导方式。这种指导方式最大的特点是具有随机性，也就是说，口头语言指导难成系统，很难使家长和婴幼儿留下深刻印象。

在进行口头语言指导时，早教教师的指导语应简明扼要，便于家长记忆、掌握。如果必须进行较长时间的讲解，早教教师应提前准备能够吸引婴幼儿注意的活动材料，避免家长因分心导致指导活动无法顺利进行。

教学评析

向前跑

佳佳妈妈带领佳佳（30个月）在早教机构一起练习向前跑。刚跑几步，佳佳就停下来，一屁股坐在地上再也不起来了。这时，佳佳妈妈拿出一个海洋球（见图3-2），想用海洋球吸引佳佳起来继续向前跑。佳佳看到海洋球后，伸手向妈妈要。佳佳妈妈将海洋球递给佳佳，对佳佳说："佳佳，起来跟着妈妈一起跑呀！"佳佳听完无动于衷，继续玩海洋球，但不一会儿又将海洋球扔到了一边。又过了

图3-2 海洋球

一会儿，佳佳妈妈见佳佳实在不想跑，便任由佳佳坐在那里，自己在旁边玩起了手机。早教教师看到后，走到佳佳妈妈身边，向佳佳妈妈了解佳佳的情况。

早教教师："佳佳妈妈，佳佳怎么啦？为什么不继续练习啦？"

佳佳妈妈："她就是太懒了，这才刚跑了两步。"

早教教师："有可能是这个原因，但最主要的原因还是佳佳太小，这个年龄段的孩子通常只会对自己感兴趣的事物有热情。佳佳平时喜欢玩什么玩具呀？可以用她喜欢的玩具吸引她，这样她才有动力呀！"

佳佳妈妈："她最喜欢毛绒玩具了，每次去商场，她看到毛绒玩具就爱不释手。"

早教教师："那我们就不用海洋球了，可以用毛绒玩具来试试激发她的兴趣。"

佳佳妈妈找到一个毛绒小熊，在佳佳面前挥了挥小熊，佳佳的目光立马被小熊吸引过来。佳佳妈妈把小熊放在远处，对佳佳说："佳佳，我们一起跑步去拿小熊吧。"佳佳听后，立刻站起来跟着妈妈向前跑。

评价与分析：

早教教师看到佳佳不愿意和妈妈一起练习向前跑后，与佳佳妈妈进行了交流，并对佳佳的行为进行判断，指导佳佳妈妈选用佳佳喜欢的玩具作为引导物，从而调动了佳佳的积极性，使佳佳妈妈顺利地与佳佳开展亲子活动。

（三）环境创设指导

环境创设指导是指早教教师借助早教机构中创设的能够满足婴幼儿发展特点和需求的环境，向家长介绍环境创设所蕴含的教育价值及环境创设的要点，让家长带领婴幼儿在与环境相互作用的过程中感受早期教育的理念。例如，在早教机构的阅读区开展亲子活动时，早教教师可以为家长讲解设计和布置阅读区的思路，告诉家长如何在家庭中设置阅读区，如何挑选图书，如何营造阅读氛围，等等。

二、亲子活动现场家长指导的基本流程

（一）亲子活动前的家长指导

在亲子活动开始前，早教教师需要进行一些准备工作，以帮助婴幼儿与家长打开心扉，适应环境。一般来说，准备工作包括以下 3 个环节。

1. 早晨接待和个别交流

在亲子活动日当天，早教教师应在约定时间前 10 分钟到机构门口或教室门口接待家长和婴幼儿，并向家长和婴幼儿问好。需要注意的是，早教教师必须与家长和婴幼儿分别打招呼，不能只注意家长而忽略了孩子。

此外，早教教师还应利用早晨接待时间与家长简要交流婴幼儿最近在家里的表现，若家长此时提出育儿过程中的烦恼与困惑，早教教师应及时帮助家长分析与解决问题。若问题一时无法解决，早教教师可先记下，待活动结束后与家长单独交流。

2. 亲子律动操

待所有家长到齐后，早教教师可组织家长和婴幼儿一起做亲子律动操。这一环节通常会播放 1~2 首欢快的儿歌，由早教教师带领家长与婴幼儿伴随旋律一起律动起来，以活跃气氛，调动家长与婴幼儿的积极性，为正式的亲子活动做好准备。

早教教师在组织这一活动时要注意以下几点：① 对于0～1岁的婴儿，要控制同时参与活动的人数，一般不超过3个家庭；② 对于1～3岁的幼儿，参与该活动的人数可适当多一些，但也宜维持在6个家庭以内；③ 对于婴幼儿不愿意参与的家庭，应以家长学习为主，允许婴幼儿适度地从事他们正在积极关注的事情；④ 此环节的活动时间应控制在10分钟以内。

此外，若是爷爷、奶奶等祖辈带婴幼儿来参加亲子活动，在此环节出现跟不上节拍或体力不济的情况时，可以先让他们掌握活动技巧，回家后再由其传授给婴幼儿的父母，或者请婴幼儿的父母尽可能地陪婴幼儿开展亲子活动。

3. 集中交流与总结

在亲子律动操结束后，早教教师要用10～15分钟的时间组织家长对前两个环节的情况进行总结，让家长明确开展前两个环节的意义。例如，早教教师可以根据早晨接待时婴幼儿的表现，向家长讲解如何在生活中培养婴幼儿最基本的礼仪规则，即家长要当好婴幼儿的榜样，不能强迫婴幼儿向老师问好，而应在日常生活中自己见人先打招呼。若孩子不愿意打招呼，也不能斥责，可问其原因，再多用正强化的方式对其进行鼓励，如发现孩子能主动打招呼，立即对其夸奖。又如，在亲子律动操中，个别婴幼儿虽然不愿意参与活动，但能专注地干自己的事情，自得其乐，其实这已经是其适应环境的表现了。如果家长强硬地要求婴幼儿参与活动，只会导致其产生负面情绪。

活动开始前的准备环节虽然用时较少，但作用非常大。一方面，在这一环节，早教教师可以获知婴幼儿最近的基本情况，能为其在接下来的活动中与婴幼儿接触和指导家长提供依据。另一方面，在这一环节，早教教师通过自己的举动为家长示范了开展亲子活动的方式与方法，传授了育儿知识与技能。

（二）亲子活动中的家长指导

早教机构中的亲子活动包括自主亲子活动和集体亲子活动，对集体亲子活动的指导是亲子活动中家长指导的核心和重点。

1. 自主亲子活动的家长指导

1）早教教师一对一随机指导

在自主亲子活动中，早教教师的主要职责是巡回观察与个别指导。当早教教师发现家长在亲子活动中出现问题时，可以针对家长的问题提供一对一的指导。例如，张张妈妈带领张张在自由活动区搭积木。妈妈刚搭起来几块，张张立马伸手一推，积木全部倒下了。紧接着，张张又闹着让妈妈将积木再搭起来。在妈妈一块一块地将积木搭好后，张张再次将积木推倒。反复几次后，妈妈生气了，不高兴地对张张说："你怎么这么喜欢搞破坏，一点都不听话。"早教教师听到后，向张张妈妈解释："张张的这种'破坏'行为，很多时候是一种好奇心的表现。家长要做的是为他创造条件，满足他的探索欲。"听了早教教师的讲解，张张妈妈意识到自己误解了张张的行为，不再认为张张是在无理取闹。

2）早教教师和家长的分享与交流

在自主活动结束后，早教教师可以预留出一定的时间，安排家长进行分享与交流，让家长共同探讨他们在自主活动中遇到的问题，以提升家长的指导能力。例如，张张妈妈就张张不断推倒积木这一问题与家长们进行分享，其他家长听后纷纷表示自己的孩子也有这种行为。早教教师可以借此机会向家长解释婴幼儿出现这一行为的原因，并指导家长为婴幼儿创造自由探索的环境。同时，早教教师还要提醒家长，在引导婴幼儿进行自由探索时要特别注意安全问题，同时也要培养其责任意识。

2. 集体亲子活动的家长指导

1）介绍集体亲子活动

在集体亲子活动开始之前，早教教师首先要向家长详细地介绍每个活动环节的目标、流程等内容，然后向家长示范指导婴幼儿开展活动的具体做法，并强调活动要点，提示家长在指导婴幼儿时可能会存在的误区。

例如，在开展"大风车、转呀转"亲子活动之前，娇娇老师向家长简单介绍了活动内容和家长指导要点。娇娇老师说："各位家长好，今天要开展的集体亲子活动是'大风车、转呀转'，这场活动是针对0～6个月婴儿的认知能力发展设计的，目的是培养婴儿的视觉追踪能力，以及帮助家长掌握促进孩子认知发展的方法。在开展活动时，家长要让婴儿仰卧在地垫上，然后拿出大风车，将大风车置于婴儿眼前并吹动大风车，让婴儿的视线落在转动的大风车上。需要注意的是，家长要不时地变换大风车的位置，让婴儿的视线随着大风车的移动而移动。"

2）观察家长与婴幼儿的互动情况，进行个别指导

在家长按照早教教师的示范和要求与婴幼儿进行互动的过程中，早教教师要观察家长与婴幼儿的互动情况，并针对家长存在的问题和误区进行个别化的指导。

例如，在"神奇的小夹子"亲子活动中，早教教师要指导家长教孩子用小夹子夹彩色卡纸。在自由操作环节，早教教师发现天天对小夹子并不感兴趣。当天天奶奶将小夹子递给天天时，天天将小夹子扔到一边，开始撕彩色卡纸。天天奶奶见状，对天天说："天天，不要再乱撕纸了，快去把小夹子捡起来，我们接着玩小夹子。"但是天天丝毫不听奶奶的话，继续撕纸。僵持了一会儿，天天奶奶见旁边的小朋友都认真地练习夹纸，便有些着急了，将天天手中的彩色卡纸拿过来，并捡起小夹子，一起塞给天天，让天天练习用小夹子夹彩色卡纸。这时，天天大哭起来。早教教师对天天奶奶说："天天可能对小夹子不感兴趣，可以让他做他感兴趣的事情。其实撕纸也能锻炼他的手部动作，等天天对撕纸失去兴趣了，我们再引导天天用小夹子夹纸也不迟。"

3）讨论、总结亲子活动

集体亲子活动结束后，早教教师要组织家长一起进行集体讨论与总结。这一环节可以分为以下几步。

第一步，早教教师可请家长自由提问，对家长提出的问题，早教教师或自行解答，或发动其他家长一起讨论，以帮助家长解开疑惑、获得知识。

第二步，早教教师可指出部分家长在亲子活动开展过程中出现的具有代表性的行为，然后让家长们对这些行为进行评判和探讨。对于有助于婴幼儿身心发展的行为，早教教师要指明这么做的好处，鼓励家长积极采取此类行为；对于错误的行为，早教教师要指明此类行为的危害，帮助家长走出误区，掌握正确的指导技能。

第三步，早教教师进行总结。除了要对家长与婴幼儿的互动表现进行简单评价，早教教师还要让家长对自身的表现进行评价与反思，如是否理解了早教教师的教育意图，是否掌握了开展活动的技巧，等等，以此让家长清晰认识到自己在活动中的收获与存在的不足。

4）指导亲子活动向家庭延伸

在早教机构中短时间的一两次亲子活动很难显著促进婴幼儿的发展。因此，在上述环节结束后，早教教师要指导家长将刚才开展的活动延伸至家庭，以便婴幼儿回到家后能继续学习和锻炼。具体来说，早教教师要向家长说明本次活动的内容、使用的活动材料、开展活动的方法和指导婴幼儿时应注意的问题等，以便家长和婴幼儿在家庭中开展该活动。但需要注意的是，活动向家庭的延伸并非是简单的活动再现，早教教师应侧重于传授教育理念，而非千篇一律的活动方法，以使家长能结合家庭的实际情况进行适当调整。

例如，在亲子活动"小动物捉迷藏"结束后，早教教师可以指导家长在家庭中运用遮挡的方式，盖住孩子喜欢的玩具，让孩子猜一猜玩具躲在哪里了；家长还可以藏起来，让孩子寻找自己。这些方式，可以帮助孩子感受空间方位。

（三）亲子活动后的家长指导

1. 整理活动场地

亲子活动结束后，早教教师会带领家长与婴幼儿一起将活动中使用的材料归放原处，并将活动场地清理干净。这一环节也是早教教师对家长进行指导的重要部分，它能够帮助家长与婴幼儿养成良好的常规活动习惯，让家长意识到从小培养婴幼儿独立自主品质的重要性，也向家长示范了在家庭亲子活动的结束环节应如何与婴幼儿进行互动。

2. 告知

在告知环节，早教教师的主要任务是告诉家长下次要开展的亲子活动内容，以及家长在下次活动开展前需要做的准备工作，以保证下次活动的质量。

3. 告别

在告别环节，在征得婴幼儿同意的情况下，早教教师可以主动拥抱婴幼儿，对其说：

"今天很开心，期待下次再见。"久而久之，婴幼儿就会养成主动与早教教师告别的礼仪习惯。告别环节虽然简短，但场面很温馨，不仅体现了早教教师、家长、婴幼儿三者和谐的人际关系，还能够让家长明白培养婴幼儿良好的习惯要从日常生活开始，使家长更加重视言传身教。

三、亲子活动现场家长指导的注意事项

（一）灵活运用集体指导与个别指导

集体指导是指早教教师面向所有家长统一进行的指导。个别指导是指早教教师针对个别家长进行的单一指导。

集体指导和个别指导这两种指导策略各有侧重，应结合具体情况灵活采用。集体指导多针对规律性的、共性的问题进行指导，如向家长传播一些重要的教育理念或指出家长在婴幼儿教养中普遍存在的问题时，更适合采用集体指导的策略。集体指导因其同时指导的家长较多，故指导效率较高。个别指导则更关注婴幼儿的个性差异，针对性更强，但效率较低。早教教师在进行家长指导时要灵活运用这两种指导策略，必要时可以将这两种指导策略相结合，以增强活动指导的效果。

（二）有效融合多种指导方式

虽然早教教师对家长的指导方式多种多样，但不同的指导方式并不是只能孤立地使用，早教教师可以综合运用这些方式，以使其发挥出最大效力。例如，亲子活动"小白兔跳一跳"的活动目标为"让25～30个月的幼儿掌握向前跳的动作技能"。在开展活动时，早教教师可以先采用示范指导的方式向家长演示正确指导幼儿向前跳的动作。在家长指导幼儿的过程中，早教教师还可以根据幼儿的练习情况，通过口头语言指导的方式为家长提出指导建议，或者纠正家长错误的指导行为。

（三）给予家长充分的肯定

在活动开展过程中，早教教师要注意观察家长在引导婴幼儿开展亲子活动时的表现。在巡回指导的过程中，早教教师要及时对每位家长的良好表现给予肯定，以提升家长参与活动的积极性。

模块四　亲子活动场外的家长指导

亲子活动场外的家长指导是指在亲子活动现场之外，早教教师通过多种方式为家长提供各种亲子活动的有关建议。场外指导的目的是解决家长面临的育儿问题，并为家长开展有效的亲子活动提供指导意见。场外指导一般在亲子活动开展前后进行。

一、亲子活动场外家长指导的方式

（一）个别交流

个别交流是指早教教师根据不同家庭亲子活动的实际情况，对家长进行一对一指导，帮助家长科学育儿。一般来说，个别交流的方式适用于亲子活动中存在的一些不具有普遍性的问题，如婴幼儿家长存在的特殊育儿需求，以及一些因涉及隐私而不便展开的话题。例如，早教机构的陈老师发现 21 月龄的甜甜在语言发展方面落后于其他同龄幼儿，于是便在亲子活动结束后与甜甜妈妈单独交流，了解甜甜的具体情况，告诉甜甜妈妈应如何通过亲子活动促进甜甜的语言发展。

（二）集体座谈

集体座谈是指婴幼儿家长汇聚一堂，在早教教师的指导下，以谈话的方式，共同探讨与解决家长在亲子活动中出现的问题或遇到的困惑。在集体座谈中，早教教师可以让家长对近期亲子活动课程的效果进行反馈，以帮助其调整指导方案，改进对家长的指导策略。同时，早教教师还可以组织家长互相沟通、交流近期遇到的亲子教育问题或分享亲子教育经验。在这一过程中，早教教师可以适时为家长提供指导，回应家长面临的普遍性问题。此外，早教教师还可以向家长征集关于亲子活动开展的建议，如亲子活动的主题和亲子活动的开展方式等。

（三）开设亲子活动教育课

亲子活动教育课是指早教机构针对家长普遍存在的育儿需求，专门设计的各种系统的亲子活动教育课程。早教教师可以利用亲子活动教育课向家长传播科学的育儿知识，告诉家长应如何开展亲子活动，以及开展亲子活动时的注意事项。例如，早教教师可以利用亲子活动教育课告诉家长可以在家庭中开展亲子绘画、亲子阅读、亲子游戏等活动，以及具体的活动开展方法。亲子活动教育课既可以采用现场面授的方式，也可以借助网络以在线课程的方式开展。

（四）组织亲子活动教育讲座

亲子活动教育讲座是指早教机构定期或不定期地邀请婴幼儿领域的专家到早教机构开展有关亲子活动方面的知识讲座。通过这种方式，专家可以向家长讲解科学的亲子活动知识，并邀请家长进行互动；家长也可以借助这个机会，向专家请教自己遇到的亲子活动问题，以获取专业的指导。

亲子活动教育讲座是一种相对正式的指导方式。在开展讲座前，早教机构需要做好充分的准备：① 确定讲座的主题；② 邀请参与讲座的专家；③ 安排讲座的时间和地点；④ 布置讲座现场的环境。

（五）发放育儿资料

发放育儿资料是指早教教师将亲子活动教育资料制作成书刊、教育手册、音视频等发放给家长。这种方式的场外指导可以让家长随时随地学习育儿知识，具有较强的灵活性。

（六）回访

在亲子活动结束后，早教教师会要求家长将课堂中开展的亲子活动内容延伸到家庭中。早教教师可以通过回访与家长沟通亲子活动在家庭中的延伸情况，并为家长提供适当的指导。

回访的方式多样，包括家访、电话访问、观看家长录制的家庭亲子活动视频等。随着互联网技术的普及与广泛运用，网络沟通越来越便捷，目前，早教教师最常用的回访方式是借助社交软件进行回访。

亲子活动场外家长指导的方式还有哪些？请简要说明。

二、亲子活动场外家长指导的作用

（一）弥补现场指导的不足

由于亲子活动的课程时间有限，早教教师对家长进行现场指导的时间也有限，早教教师无法解答现场家长的所有问题。而场外指导没有时间限制，早教教师能够更充分地为家长答疑解惑。也就是说，早教教师能够以场外指导的方式为家长提供更具针对性的指导与帮助。

此外，婴幼儿的发展具有特殊性，婴幼儿与家长在亲子活动中遇到的问题也多种多样。有些问题，早教教师未必能在现场立刻找到解决办法。此时，早教教师可将这些问题记录下来，在活动结束后通过请教专家、查阅资料等方式获得解决办法，再以各种形式对家长进行场外指导。

（二）普及婴幼儿发展和教养的基本知识

现场指导通常是结合具体的亲子活动对家长进行指导，如指导家长掌握某一个具体的育儿方法。而对于那些理论性、知识性较强的问题，早教教师更多的是依靠场外指导来解决。例如，在"买水果"这一亲子活动结束后，早教教师可以根据观察到的情况，以个别交流、集体座谈的方式向家长介绍婴幼儿的语言发展规律，告诉家长在开展语言类亲子活动时如何做到尊重婴幼儿的语言发展规律。

设计早教机构半日亲子活动方案

早教机构的亲子活动是加强亲子关系、促进婴幼儿健康成长的良好渠道。请全班同学结合所学知识设计半日亲子活动方案。活动流程及要求如下。

（1）全班同学每3~4人为一组，每组选出一位组长。各组通过阅读书刊、浏览网络、走访早教机构等方式，学习设计半日亲子活动方案的方法和要点。

（2）各组通过讨论设计出一份半日亲子活动方案。方案内容包括但不限于以下方面：① 半日活动的目标；② 需要设置的环节；③ 每个环节包含的具体活动；④ 每个具体活动的时长、内容、目标、家长指导目标、家长指导要点及活动材料、环境创设等。各组可以先讨论半日亲子活动方案的大纲，确定方案的结构，然后小组成员分工编写亲子活动方案。

（3）各组组织讨论会，优化半日亲子活动方案，使方案达到以下要求：① 活动类型丰富；② 活动内容既能满足婴幼儿的发展需求，又能帮助家长学习育儿知识；③ 各环节设置合理，体现动静交替、劳逸结合等原则；④ 具有可行性，要确保方案可以落地。

（4）任课教师组织主题班会。各组以 PPT 或情景演绎的方式介绍本组设计的半日亲子活动方案。然后，任课教师与其他学生一起点评各组的活动方案，并提出修改意见。

（5）各组整理修改意见，并根据修改意见完善活动方案。完善后，各组组长将本组半日亲子活动方案的终稿提交给任课教师。

（6）各组采取自评、小组互评和教师评价相结合的方式对活动实施情况进行评价，并填写表3-1。

表 3-1　活动实施评价表

评价标准	分值	评价得分		
		自评	互评	师评
前期的准备工作充足，对如何设计半日亲子活动方案有科学、明确的认知	25			
活动内容科学、合理，能够使婴幼儿和家长在亲子活动中有所收获	25			
各项活动符合婴幼儿的发展需求，贴合婴幼儿的喜好，具有较强的可实施性	25			
能够根据教师和其他学生的意见修改活动方案	25			

山里娃的"早教中心"

　　"慧育中国·山村入户早教计划"是中国发展研究基金会为我国欠发达地区农村开展的一项 6～36 个月婴幼儿早期发展项目。该项目旨在通过改善农村婴幼儿与其看护人的互动质量，促进婴幼儿在动作、认知、语言和社会性等方面的发展，探索适合中国农村的婴幼儿早期发展干预模式。

　　古丈县位于湖南省湘西土家族苗族自治州，是典型的山区县。2018 年 6 月，"慧育中国·山村入户早教计划"在古丈县启动实施，山里娃从此有了家门口的"早教中心"。全家翠在 2018 年 8 月应聘成为该地区的育婴辅导师，她每周都会走进婴幼儿家中，为婴幼儿上早教课，一次一个小时。

　　"嘿，宝宝！"刚走到张文丽的家门口，全家翠便主动朝屋内的丁俊茗宝宝打招呼。这一天，她要和本村 21 个月大的丁俊茗宝宝做关于图形识别、堆积木的游戏，培养其空间意识。在全家翠和妈妈张文丽的指导辅助下，丁俊茗顺利识别出三角形、圆形、正方形，能够堆高 4 层积木，并不时跟着两位大人一起鼓掌，房间内的氛围十分轻松、愉悦。丁俊茗还有一个正在上幼儿园的姐姐，姐弟俩都是早教干预辅导对象。"我丈夫在长沙打工，我在镇上做事，两个小孩都是爷爷、奶奶在带，平时只管吃饱穿暖，基本没有接触过学习和智力开发方面的教育，通过干预辅导，两个孩子明显变得更活泼，成长也更快了。"张文丽说。

　　古丈县"慧育中国·山村入户早教计划"项目负责人张彦介绍，古丈县农村留守儿童多，考虑到入户距离和语言上能顺畅交流等，项目所选聘的育婴辅导师基本在本村招募，上岗前和辅导过程中要经过多次专业培训，村妇女主任和幼儿园教师可兼任。

　　古丈县位于武陵山脉腹地，大部分村庄散落在山丘之间，实现早教干预全覆盖并非易事。张彦介绍，项目组开发了一个微信小程序，育婴辅导师每次上门做早教干预后都会在小程序上面打卡。在打卡记录上，家访次数、活动名称、哪位家长参与、父母是否在家等一目了然。各乡镇对村一级进行监督，以确保早教干预落实见效。

张彦说，早教干预并非在成长过程中"抢跑"，而是围绕婴幼儿家庭教育的几个关键点，如确保孩子营养充足和身体健康发育、创造良好的语言环境和学习环境、增加孩子的社会性接触等进行干预和指导，通过这样的方式逐步扭转农村地区看护人"重养轻教"的带娃传统。

为了做好早教干预工作，项目组专门研发了《婴幼儿养育指导课程》教材，根据婴幼儿的年龄制定早教干预要点。例如，6个月婴儿的早教干预以如何科学喂养为主，内容包括哺乳姿势、辅食添加等；13个月的幼儿通过拨浪鼓等锻炼手的抓握能力、手眼协调能力，初步感知大小概念和不同形状；33个月的幼儿要识别红黄蓝三种颜色，以及卡片识图、唱儿歌；等等。

早教干预填补了农村山区这部分空白，有利于缩小城乡差距，让山里娃更活泼、更开朗。

（资料来源：柳王敏，《山里娃的"早教中心"——湖南古丈婴幼儿早教干预观察》，新华社新媒体，2023年7月17日，有改动）

项目综合评价

各组成员结合理论知识的学习情况，课前、课中和课后的任务完成情况，以及素养目标的达成情况3个方面，按照表3-2的评价标准对该项目的学习效果进行自评和互评，并请教师进行总体评价。

表3-2 项目考核评价表

考核内容	评价标准	分值	评价得分		
			自评	互评	师评
知识与技能考核	能够阐述亲子活动家长指导的目标和要求	10			
	能够熟练掌握亲子活动入户指导的内涵和流程	10			
	能够熟练掌握亲子活动现场家长指导的方式、基本流程和注意事项	10			
	清楚亲子活动场外家长指导的方式，并能够熟练应用	10			
过程与方法考核	课前积极预习本项目的内容	10			
	课中认真听讲，并积极参与课堂互动	10			
	课后主动复习，并积极参与课后实践活动	10			
综合素养考核	具有终身学习和可持续发展的意识	10			
	具有将现代教育技术与早期教育活动整合运用的能力	10			
	具备钻研精神，能够就一个问题进行深入探究	10			
总评	自评（30%）+互评（30%）+师评（40%）=		教师（签名）：		

理论篇综合检测

>> 一、单项选择题

1. 下列选项中，不属于亲子活动设计原则的是（　　）。

   A. 适宜性原则　　　　　　　　　B. 整体性原则

   C. 指导性原则　　　　　　　　　D. 超前性原则

2. 对于独立的亲子活动来说，早教教师在设计活动时，要注意婴幼儿在动作、认知、语言、社会性等多个方面的发展。这表明亲子活动具有（　　）的特点。

   A. 活动目的双重性　　　　　　　B. 活动内容全面性

   C. 活动主体多元性　　　　　　　D. 活动互动多向性

3. 下列动作属于粗大动作的是（　　）。

   A. 抬头　　　　　　　　　　　　B. 抓握

   C. 捏　　　　　　　　　　　　　D. 撕

4. 下列选项中，不属于亲子活动区创设原则的是（　　）。

   A. 空间大小合理　　　　　　　　B. 氛围营造和谐

   C. 位置分布动静结合　　　　　　D. 活动场所安全

5. 在（　　），活动材料通常有小碗、小勺、玩偶娃娃、带纽扣的衣服、常见的生活用品和各种容器等。

   A. 生活体验区　　　　　　　　　B. 动手与益智区

   C. 角色扮演区　　　　　　　　　D. 建构区

6. 下列选项中，不属于亲子活动场外家长指导方式的是（　　）。

   A. 集体座谈　　　　　　　　　　B. 示范指导

   C. 发放育儿资料　　　　　　　　D. 回访

>> 二、判断题

1. 亲子活动是强调以亲缘关系为基础，以亲子教育为载体，以孩子与家长的互动为核心内容，以促进孩子全面发展、使家长获得专业育儿知识与技能为目标的教育活动。

                                  （　　）

2. 在亲子活动中，早教教师是对孩子进行指导的主要负责人，必须根据孩子的行为表现，主动发现孩子的需求，并告知家长。　　　　　　　　　　　　　　（　　）

3．家庭亲子活动的自由度较高，不受时间、人员的限制。只要在合适的时间，任何家庭成员都可以和婴幼儿一起开展亲子活动。　　　　　　　　　　（　　）

4．适宜性原则是指在设计亲子活动时要考虑婴幼儿的身心承受能力，科学、适度安排活动内容和活动时间。　　　　　　　　　　　　　　　　　　　（　　）

5．在亲子活动中，音乐的选择至关重要，合适的音乐不仅是亲子活动的重要组成部分，还可以调节婴幼儿的情绪，调动其参与活动的积极性。　　　　　　（　　）

6．无论创设哪类亲子活动区，都要遵守安全第一的原则。　　　　　（　　）

7．在动手与益智区开展亲子活动能够促进婴幼儿手部精细动作的发展，提高其手眼协调能力。　　　　　　　　　　　　　　　　　　　　　　　　　（　　）

8．早教机构中的亲子活动包括自主亲子活动和集体亲子活动，对自主亲子活动的指导是亲子活动中家长指导的核心和重点。　　　　　　　　　　　　　（　　）

9．在亲子活动中，早教教师要尽量提供示范，给予细致的讲解，使家长掌握更多的教养技能，提升教养水平。　　　　　　　　　　　　　　　　　　（　　）

10．在集体亲子活动开始前，早教教师适合开展集体指导，即面向全体家长传授一定的教养知识和技巧。需要注意的是，此时对家长进行指导的时间不宜过长，避免婴幼儿感到无聊。　　　　　　　　　　　　　　　　　　　　　　　　（　　）

》 三、简答题

1．简述亲子活动对婴幼儿的作用。

2．简述亲子活动内容的选择原则。

3．亲子活动中家长指导的目标有哪些？

4．简述亲子活动入户指导的流程。

5．简述亲子活动现场家长指导的方式。

6．简述亲子活动场外家长指导的作用。

实践篇

　　要成为一名合格的早期教育工作者，不但要具备扎实的专业理论知识，还应掌握丰富的实践技能，以便顺利开展教育教学实践活动。因此，早教教师应能够遵循婴幼儿的身心发展规律，为不同年龄段的婴幼儿设计适宜、丰富的亲子活动，并能够运用恰当的方法指导家长和婴幼儿顺利开展亲子活动。

　　本篇注重应用，以婴幼儿在不同年龄段的发展特点为依据，以教学实例分析为主要讲解方式，详细介绍了 0~1 岁婴儿、1~2 岁幼儿、2~3 岁幼儿亲子活动的设计思路与指导要点。

　　其中，设计思路条分缕析、步骤分明地介绍了亲子活动设计的全过程，主要包括制定活动目标、选择活动内容、做好活动准备等，并提供大量案例，旨在让学生能从跟学到模仿再到创新；指导要点翔实、具体、可行，包括指导家长科学育儿、教授家长顺利开展亲子活动的方法、回应家长不同的育儿需求等，旨在使学生具备婴幼儿家庭教养科学指导与咨询服务的能力。

项目四

0～1 岁婴儿亲子活动设计与指导

学习目标

⭐ 了解 0～1 岁婴儿在不同阶段的发展特点。

⭐ 掌握 0～1 岁婴儿亲子活动设计思路。

⭐ 掌握 0～1 岁婴儿亲子活动家长指导要点。

素质目标

⭐ 增强举一反三的能力，能够根据所学内容自主设计 0～1 岁婴儿亲子活动。

⭐ 培养发散思维、创新意识，学会采用科学有效的方式为婴幼儿亲子活动提供活动指导。

项目导入

秋秋已经 6 个月大了，他很少哭闹，也不爱笑，总是安安静静的。见过秋秋的亲朋好友总是夸奖秋秋，认为秋秋遗传了妈妈安静内敛的性格，天生喜静，是个"天使"宝宝，好照顾。但是，秋秋在进行 6 个月定期体检时，医生说秋秋的语言发展水平有待提高，建议秋秋妈妈和秋秋爸爸多在家中和秋秋一起开展适当的语言类亲子活动。

秋秋妈妈和秋秋爸爸十分担心秋秋会发育不良，便联系了早教机构的江老师，向其详细介绍了秋秋的发展状况，以及秋秋自出生以来的成长情况，以期获得指导。秋秋爸爸希望江老师能够定期上门，对他和秋秋妈妈进行入户指导，教会他和秋秋妈妈开展语言类亲子活动的方法。秋秋妈妈希望秋秋在下次定期体检时，语言发展水平能有所提高。江老师听完秋秋爸爸和秋秋妈妈的介绍和诉求后，答应了去秋秋家进行入户指导，并着手为秋秋和其父母设计符合他们实际情况的语言类亲子活动方案。

思考：如果你是江老师，你会建议秋秋和其父母开展哪些亲子活动呢？你将如何设计这些活动呢？

模块一　0～6 个月婴儿亲子活动的设计与指导

0～6 个月是婴儿身心发展最为迅速的时期。家长应根据这一年龄段婴儿在不同领域的发展特点开展丰富的亲子活动，以促进婴儿的全面发展。

一、0～6 个月婴儿亲子活动的设计思路

0～6 个月的婴儿月龄较小，不方便外出，因此，这一阶段的亲子活动主要在婴儿家中开展，早教教师一般以入户指导的方式帮助家长与婴儿开展亲子活动。所以，在为 0～6 个月的婴儿设计亲子活动时，既要考虑婴儿实际的身心发展特点，又要考虑入户指导的条件，确保亲子活动能够在家中开展。具体来说，在为 0～6 个月的婴儿设计亲子活动时，可从以下几个方面着手。

（一）制定活动目标

婴幼儿在不同的年龄段，有不同的发展特点。在为0~6个月婴儿制定亲子活动的目标时，早教教师要从婴儿实际的发展需求出发，结合0~6个月婴儿的发展特点（见表4-1），确定恰当的亲子活动目标。例如，西西老师在对5月龄的彤彤进行入户指导调查时，发现彤彤在听到自己的名字时没有反应。根据0~6个月婴儿的发展特点可知，婴儿在4~6个月时，听到自己的名字会有所反应。为此，西西老师以"使婴儿能听懂自己的名字"为活动目标，为彤彤及其家长设计了多个亲子活动。

表4-1　0~6个月婴儿的发展特点

月龄	动作发展	认知发展	语言发展	社会性发展
0~28天	（1）俯卧时会抬头。 （2）受到外界刺激时会有抓握反射	（1）目光能跟随移动着的红球移动。 （2）能注视距离眼睛20~30厘米的物体	（1）能发出哭以外的声音，如ou和ei的音。 （2）可以发出细小柔和的喉音	（1）出现自发性微笑。 （2）喜欢注视发声的人。 （3）喜欢用目光跟随走动的人
2~3个月	（1）拉腕坐起时或被竖抱时，头能保持短时竖直。 （2）俯卧时头能抬离床面。 （3）双手能在胸前接触、互握。 （4）能够握住物品片刻	（1）可以很认真地观察人脸。 （2）视线可以跟随移动的物体。 （3）可以辨别一定距离内熟悉的物体	（1）听到声音时，表情和肢体动作会有反应。 （2）能发出"咯咯"的笑声。 （3）会发a、o、e等音	（1）出现社会性微笑。 （2）可以认识亲人，尤其喜欢母亲。 （3）会注视同伴，喜欢触摸和观察同伴
4~6个月	（1）扶腋可站片刻。 （2）能靠着东西独坐。 （3）轻拉其腕部时能主动用力坐起。 （4）试图抓物，会伸手抓近处物体。 （5）能用双手反复揉搓纸张数次或将纸撕破。 （6）会拍桌子	（1）喜欢通过手和嘴巴探索世界。 （2）会寻找滚落的物体。 （3）能注视远距离的物体。 （4）产生距离知觉	（1）会发出没有意义的声音，如"a—ba—ba""mo—mo—mo"。 （2）听到自己的名字时会有反应。 （3）能通过音调辨别说话人的情绪。 （4）能用声音来表达快乐和不开心。 （5）听到声音后会发出"咿咿呀呀"的声音回应	（1）被逗引时有反应，如用微笑回应。 （2）喜欢照镜子，会对镜中的影像微笑、发音或伸手拍打镜子。 （3）喜欢和他人玩"躲猫猫"游戏。 （4）喜欢看熟悉的人的脸

（二）选择活动内容

0～6个月婴儿各方面的能力都需要发展，但由于年龄的限制，其在这一阶段可开展的亲子活动较简单，主要包括以下几种。

1. 以粗大动作为主的动作活动

0～6个月婴儿可开展以训练四肢肌肉力量为主的粗大动作亲子活动。一般来说，婴儿在0～3个月时可开展的亲子活动主要是抬头或做被动操等；在4～6个月时，婴儿可开展拍打活动（如拍桌子）、翻身活动（见图4-1）、学坐活动、扶着腋下蹦跳活动等。

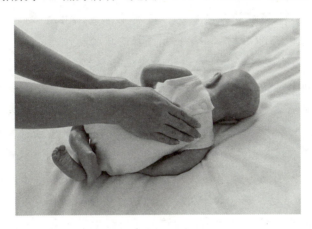

图4-1　翻身活动

0～6个月婴儿可开展的精细动作亲子活动较少，主要集中在锻炼婴儿手指抓物能力和握物能力两个方面的活动上，如"宝宝抓彩球"活动。

 亲子乐园

宝宝抓彩球

心心妈妈为4个月大的心心报了一个早教班。早教班的露露老师会定期上门指导心心的家长和心心一起开展亲子活动。第一次上门指导前，露露老师先进行了入户调查，她了解到，心心在俯卧时还不会90°抬头，也不会伸手抓物。因此，露露老师认为有必要为心心设计一些相关的动作类亲子活动。最终，露露老师以"使婴儿俯卧时可90°抬头，以及学会伸手抓物"为亲子活动目标，为心心设计了"宝宝抓彩球"的亲子活动。这个活动不仅能帮助心心练习俯卧抬头和伸手抓物动作，还能帮助其家长了解4个月婴儿的动作发展特点，以及掌握促进婴儿动作发展的方法。

入户指导那天，在亲子活动开始前，露露老师告诉心心妈妈，在活动中要注意观察心心是否会做抬头、伸手抓的动作及其熟练程度。同时，露露老师提醒心心妈妈，在活动中要注意情感交流，和心心说话时语言要亲切、自然，语调要愉悦、柔和，要多对心心微笑，多鼓励和夸奖心心。

接下来，露露老师开始指导心心妈妈与心心开展亲子活动。步骤如下。

（1）指导心心妈妈帮助心心调整好姿势，使心心俯卧在床上，然后拿出一个色彩鲜艳、能发出悦耳声音的彩球递给心心妈妈。

（2）请心心妈妈在心心头部斜上方约50厘米的位置轻轻晃动彩球，使彩球发出声音，以引起心心的注意。

（3）告诉心心妈妈一边晃动彩球，一边对心心说："心心，你听，是什么东西在响呀？"直至心心听到妈妈的声音后慢慢地抬头注视彩球。

（4）指导心心妈妈继续晃动彩球，并将彩球逐渐靠近心心，同时对心心说："心心，你来抓抓看！"以鼓励心心做出用手抓彩球的动作。

（5）当心心的手碰到彩球时，提示心心妈妈夸奖心心："好棒呀，你的小手碰到彩球了，我听到了'叮当'声！"以此鼓励心心再次挥动手臂抓彩球。

两分钟后，露露老师提示心心妈妈结束亲子活动。在心心休息时，露露老师对心心妈妈说："这个活动可每天上午、下午各进行一次。开展活动时，既可以让心心俯卧在床上，也可以让其趴在柔软的地垫上，每次活动时间控制在两分钟左右。"

活动设计评价：首先，露露老师为心心及其家长选择的亲子活动内容是俯卧时90°抬头和伸手抓物活动，符合4个月婴儿的动作发展规律和发展需求；其次，该活动能够同时锻炼婴儿的视觉、听觉和触觉，可以帮助婴儿更好地认知世界；最后，露露老师从观察要点、活动开展的时间和场所、活动中的注意事项等方面对家长进行了有效指导，帮助家长掌握促进婴儿动作发展的方法。

看看想想

请扫一扫右图的二维码，观看某幼儿园教师开展的亲子活动"宝宝抓彩球"。请思考：该亲子活动与上述案例中的亲子活动有何不同？视频中的早教教师哪些地方处理得较好，哪些地方还可以改进，为什么？

亲子活动——宝宝抓彩球

2. 感官刺激较强的认知活动

0～6个月婴儿可开展的认知活动通常是感官刺激较强的活动，主要包括视听训练活动和触觉刺激活动两类。其目的是刺激婴儿的视觉、听觉和触觉发展。

其中，视听训练活动包括看黑白图片（视觉）、追物训练（视觉，见图4-2）、追声训练（听觉，见图4-3）、听早教音乐（听觉）等。

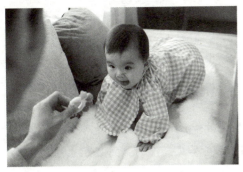

图 4-2　追物训练

图 4-3　追声训练

　　这一阶段可开展的触觉刺激活动较为丰富，对0～3个月的婴儿来说，可开展以训练学习触摸物品为主的活动，即引导婴儿主动触摸物品；对4～6个月的婴儿来说，可开展了解每种触感具体是什么的活动，在活动中，家长需要将触感告诉婴儿，如"这是硬的""这是软的"等。

3．鼓励发声、提高听觉敏感度的语言活动

　　从0～6个月婴儿的发展需求来看，这一阶段的语言发展目标主要是培养婴儿发声的能力和对音律的条件反射能力。家长可以开展与发声玩具互动、唱儿歌、与婴儿进行日常交流（如晨间问好）等形式的亲子活动。例如，在为婴儿沐浴、洗脸等日常活动中，家长可以边做动作边配上相应的语言，如"宝宝要洗脸了，擦擦额头、脸蛋、鼻子、嘴巴、脖子"等。

 亲子乐园

早安宝贝

　　叮叮已经3个月大了，叮叮妈妈认为可以开始训练其发声了，但她并不知道怎么训练叮叮发声。于是，叮叮妈妈报了一个一对一的亲子活动教育网课。早教教师会以网课的形式一对一指导家长和孩子开展亲子活动。负责指导叮叮妈妈的是江老师。

　　上课前，江老师询问了叮叮妈妈的诉求和目标，以及叮叮的基本情况。在此基础上，江老师以"让婴儿感受不同方位的语音，增进亲子间的情感交流"为亲子活动目标，为叮叮设计了"早安宝贝"亲子活动。江老师希望叮叮妈妈能够通过该活动了解3个月婴儿的语言发展特点，学会训练婴儿发声和提高婴儿听觉敏感度的方法。

　　江老师先和叮叮妈妈一起观看了她提前录制好的"早安宝贝"亲子活动视频。视频中，孩子妈妈看到孩子睡醒后，一边轻轻地抚摸孩子，一边看着孩子的眼睛，用自然、轻柔、亲切的语音和语调对孩子说："宝宝睡醒啦？宝宝和妈妈聊聊天吧。"说完，孩子妈妈换了一个位置继续和孩子说话，引导孩子将头转向声音发出的

地方。视频中的孩子听到妈妈的声音后也跟着张嘴，孩子妈妈继续笑着跟孩子聊天。整个视频时长为 2 分钟。

看完视频后，江老师建议叮叮妈妈按照视频中的方法和叮叮开展亲子活动，并要求叮叮妈妈录制活动视频，以便了解活动开展情况。然后，江老师向叮叮妈妈介绍了活动要点：① 活动前，要为婴儿提供一个宁静、温馨的交流环境；② 活动中，要观察婴儿听到声音后是否有反应、是否会对着说话人微笑、是否会跟着声源转头；③ 每次活动时间以 2～3 分钟为宜；④ 在与婴儿交流时，可以配上一些有趣的动作，以激发婴儿的兴趣。

上完课的第二天早上，叮叮妈妈发现叮叮睡醒了，便和其开展"早安宝贝"亲子活动，还让叮叮爸爸拿着摄像机站在旁边录制活动过程。叮叮安逸地躺在床上，叮叮妈妈躺在叮叮的左边，笑着问叮叮："叮叮睡醒啦？你睡得香不香啊？你今天想做什么呀？"这时，叮叮妈妈发现叮叮笑了，还张了张嘴。然后，叮叮妈妈又躺在叮叮的右边，继续和其说话。叮叮妈妈发现叮叮不仅会跟着声源转头，而且一听到她说话就会微笑，并跟着张嘴。两分钟后，叮叮妈妈说："叮叮饿了吧，我们起床喝奶吧。"说完便结束了亲子活动。之后，叮叮妈妈将录制的视频发给江老师，请江老师进行指导。

江老师看完视频后，认为叮叮妈妈做得很好，建议叮叮妈妈多和叮叮开展这一活动。同时，江老师告诉叮叮妈妈，开展该活动的时间没有必要固定在早晨，每次婴儿睡醒后，都可以和其开展此活动。

活动设计评价： 0～3 个月婴儿语言训练的重点是培养其对声音的敏感度，让婴儿感受声音，为婴儿的发音打下良好的基础。江老师选择的语言活动内容既包括为其创设良好的发音环境，也包括婴儿的追声能力的训练，符合这一阶段婴儿的发展需求。此外，江老师十分注重亲子活动家长指导，为叮叮妈妈提供了许多实用的指导建议。

4. 以亲子交往为主的社会性活动

婴儿与家长的互动能够促进良好亲子关系的建立，从而提高婴儿的社会性发展水平。针对 0～6 个月婴儿所开展的社会性活动，主要是互动性较强的亲子活动。

（三）做好活动准备

1. 创设适宜的活动环境

0～6 个月婴儿的亲子活动主要是在家中进行，因此，在创设活动环境时，除了考虑活动需求，还要考虑婴儿的家庭环境。

首先，0～6 个月婴儿的活动主要是日常生活和睡眠，且其大多数时间都处于睡眠状态，需要熟悉、安静的环境。因此，在创设亲子活动环境时，最好不要打破婴儿家庭原有的自然、温馨的氛围。

其次，要为亲子活动准备适宜的活动材料。在选择活动材料时，要注意以下3点：① 对于材料的颜色，宜选用鲜艳的颜色来刺激婴儿的视觉发展，同时鲜艳的颜色也更容易引起婴儿的注意；② 合理利用婴儿家庭中常见的材料，以便于在家庭中开展亲子活动，如利用婴儿妈妈的彩色丝巾开展"摸彩带"的亲子活动；③ 0～6个月的婴儿正处于口欲期，喜欢用嘴巴感受外界事物，因此，要注意活动材料的安全性，务必在清洁消毒后再拿给婴儿。

2. 设计合理的活动过程

0～6个月的婴儿身体较弱，容易疲劳，注意力也不持久。因此，早教教师在为其设计亲子活动时，要注意每次活动时间应以2～3分钟为宜，过程要尽量简单。例如，在开展亲子活动"躲猫猫"时，家长和婴儿一起玩耍2～3分钟即可。

 亲子乐园

躲猫猫

4个多月大的星星很喜欢和爸爸、妈妈互动。星星的爸爸、妈妈也经常设计各种有趣的亲子活动和星星一起开展。但是，星星的爸爸、妈妈不知道哪些亲子活动能够促进星星的生长发育。于是星星妈妈请了一位早教教师琳琳老师上门指导她和星星爸爸系统、科学地育儿。这一次，琳琳老师根据星星的年龄特点，从其社会性发展需求出发，以"通过亲子互动增进亲子感情"为活动目标设计了"躲猫猫"亲子活动。琳琳老师希望通过该活动帮助星星的家长了解4个月婴儿的社会性发展特点，并学会建立良好亲子交往关系的方法。

入户指导前一天，琳琳老师让星星妈妈事先准备一张手帕作为活动材料。入户指导当天，琳琳老师先指导星星妈妈把星星抱到床上平躺着，然后让星星妈妈坐在床边，当着星星的面用手帕遮住脸，问星星："妈妈在哪里呀？妈妈去哪儿啦？"琳琳老师让其停顿一秒后移开手帕，一边说"在这里"，一边做惊喜的表情。这时，星星看到重新出现的妈妈感到很惊喜，笑出了声。接下来，星星妈妈重复以上步骤，和星星玩了约3分钟。星星和妈妈玩得十分开心，不停地发出"咯咯"的笑声。琳琳老师看时间差不多了，马上提醒星星妈妈让星星休息一会儿。

星星妈妈对琳琳老师设计的活动十分满意，她觉得这个活动不仅取材方便，而且动作简单，便于开展，更重要的是星星很喜欢。琳琳老师建议星星妈妈和星星爸爸经常和星星开展"躲猫猫"这个活动。同时，琳琳老师告诉星星妈妈，在开展活动时，家长的语言要夸张，在重新露出笑脸时表情要明显，且要注意婴儿的情绪变化。

活动设计评价：琳琳老师设计的亲子活动所需要的材料为家中常见材料，方便获取，便于在家中开展。此外，该活动动作简单，多为重复动作，便于开展，且时间短暂，婴儿不易疲劳，符合婴儿的实际需求。

看看想想

　　请扫一扫右图的二维码，观看某幼儿园教师开展的亲子活动"躲猫猫"。请思考：该亲子活动与上述案例中亲子活动有何不同？视频中的早教教师哪些地方处理得较好，哪些地方还可以改进，为什么？

亲子活动——躲猫猫

二、0～6 个月婴儿亲子活动的指导要点

（一）指导家长科学评估婴儿的发展水平

　　婴儿出生后前 6 个月的身心发展变化飞速，且同龄的不同婴儿的发展水平会有较大差异。因此，早教教师在入户指导前，要先对入户婴儿的身心发展水平进行评估。评估主要通过对家长的问询来实现。在问询过程中，早教教师要指导家长从多方面评估婴儿的发展水平，并告诉家长婴儿所处年龄段的发展特点及其应达到的发展水平，帮助家长理解自己孩子的发展需求。

　　例如，在对 5 个月的秋秋进行入户指导前，江老师先制定了一份"4～6 个月婴儿发展水平评估量表"，量表罗列了 4～6 个月婴儿在各方面应达到的发展水平。然后江老师逐条对秋秋父母进行问询。问询时，江老师先向秋秋父母说明了秋秋所处年龄段的发展特点，再引导秋秋父母观察、回忆秋秋各方面的发展情况。问询结束后，江老师和秋秋父母都发现秋秋在语言方面尚未达到应有的发展水平，应多和其开展语言类亲子活动。

（二）指导家长学会观察婴儿的表现

　　在家长与婴儿开展亲子活动时，家长应学会观察婴儿在亲子活动中的表现，且能够分析这些表现代表着婴儿哪方面的需求，以及知道如何应对婴儿在亲子活动中出现的各种反馈。对此，在活动开展前，早教教师可以先告诉家长每个活动的观察要点有哪些；在活动开展过程中，早教教师应一边观察婴儿的表现，一边在婴儿出现相应反馈时指导家长对婴儿进行详细观察。

　　例如，在"眼睛来追红气球"的亲子活动开展前，早教教师告诉家长在活动中要仔细观察婴儿是否主动追视红气球及其在活动中的表情变化。在活动开展过程中，早教教师一边观察婴儿的活动表现，一边指导家长深入观察婴儿在活动中的表情变化、出现的动作、发出的声音等，帮助家长借助婴儿的反馈评估红气球的移动方式和移动速度是否合理，并判断婴儿是否喜欢"眼睛来追红气球"这一亲子活动。

（三）指导家长掌握开展亲子活动的方法

0～6个月婴儿的身体还很娇嫩，在亲子活动中，如果操作不当，可能会对婴儿的身心造成严重的后果。因此，早教教师要教会家长开展亲子活动的正确方法，使他们安全、科学地与这一阶段的婴儿互动。具体的指导方法包括口头指导、视频指导和做示范等。指导新手父母开展亲子活动时，做示范这一方法尤为重要。

（四）指导家长学会对亲子活动进行延伸

0～6个月婴儿亲子活动的入户指导通常一周一次。在指导这一年龄段婴儿的家长开展亲子活动时，早教教师除了要指导家长做好入户指导期间的各类活动，还要帮助家长对这些活动进行延伸或创新，尽可能使家长学会独立设计亲子活动。这样，家长在入户指导之外的时间里也能够科学地与婴儿开展亲子活动。

（五）线上、线下相结合

入户指导受时间限制较大，早教教师无法经常上门进行一对一指导。因此，入户指导最好以线上、线下相结合的方式进行。在现场指导期间，早教教师主要以口头交流的方式指导家长开展亲子活动。而在现场指导之外，早教教师可以利用社交软件对家长进行回访，随时与家长沟通亲子活动的开展情况。此外，早教教师还可以结合现场指导的情况及婴儿的实际发展需求，以录制视频的形式对家长进行指导，以便家长随时查看，且有利于长期保存。

 教学评析

"被动操"入户指导

一、入户指导背景

冬冬马上就要满3个月了，一直由爸爸、妈妈照顾。在与冬冬视频时，冬冬的外婆发现冬冬不爱动，便对冬冬妈妈说："冬冬每天的活动量太少了，你和冬冬爸爸要多带着他做身体运动，这样身体才会越来越强健。"冬冬妈妈很认同冬冬外婆的话，但是她担心自己没有经验，反而会使冬冬在运动时受伤，所以，冬冬妈妈请了某早教机构的黄老师上门指导。

二、入户指导前的准备

黄老师在了解了冬冬妈妈的诉求和目标后，设计了一份调查问卷，以评估冬冬的粗大动作发展情况。问卷的内容包括冬冬是否会抬头、拉腕坐起时头是否能保持短时竖直、双手是否能在胸前接触或互握、是否做过被动操、每天的身体运动时间及运动项目等。设计好问卷后，黄老师逐项对冬冬妈妈进行问询。根据评估情况，黄老师认为冬冬缺乏身体运动，可以每天让其做几节被动操，锻炼其身体，促进其四肢运动能力的发展。因此，黄老师决定在这次入户指导时教冬冬妈妈掌握婴儿被动操的开展方法，以此提高婴儿四肢的运动水平。

在入户指导的前一天，黄老师做了如下准备工作：她先选择了一首轻柔的音乐，准备在活动中播放；打印了一份被动操的具体步骤；告诉冬冬妈妈在活动当天要提前设置好室内温度，并为冬冬提前换好剪裁宽松、质地柔软的贴身衣服，还要在上门前1小时让冬冬喝奶。

三、入户指导活动现场

入户指导那天，黄老师如约到达冬冬家里。在做被动操之前，黄老师先为冬冬妈妈简单介绍了婴儿被动操的相关知识，并且告诉冬冬妈妈被动操一共8节，冬冬刚开始训练，只做一节即可，随着月龄的增长，可以逐步增加节数，6月龄时一般可以增加至4节。接下来，黄老师在冬冬情绪较愉悦时，让冬冬妈妈脱去冬冬的袜子，让其仰卧在床上。同时，黄老师告诉冬冬妈妈，做操时要注意观察冬冬的情绪变化，并要及时回应冬冬的反馈。讲解完观察要点后，黄老师开始播放音乐，并指导冬冬妈妈用语言提醒冬冬开始做操了。

随后，黄老师先带着冬冬做第一节被动操，冬冬妈妈在旁边观看黄老师的动作。黄老师带着冬冬做完第一节被动操用时1分钟后发现冬冬的精神依然充沛，于是让冬冬妈妈自己带着冬冬再做一遍。在冬冬妈妈开始前，黄老师提示冬冬妈妈在做操时要注意和冬冬进行眼神、表情、语言的交流，以增进亲子感情。在做操过程中，黄老师一边观察冬冬的表现，一边指导冬冬妈妈在关键节点观察冬冬的表情变化，教会冬冬妈妈判断冬冬是否喜欢做操、自己的力度是否合适。

冬冬妈妈带领冬冬做完被动操后，黄老师提醒冬冬妈妈让冬冬休息，然后告诉冬冬妈妈，刚开始训练时，每次做操时间以2～3分钟为宜。训练一段时间后，可根据冬冬的实际情况增加时长，但6月龄前每次做操时间不要超过5分钟。

四、入户指导活动后续

本次入户指导结束时，黄老师将被动操步骤的纸质版交给了冬冬妈妈，并将一个被动操指导视频分享给了冬冬妈妈，让冬冬妈妈每天带着冬冬做1～2次被动操，具体节数根据冬冬的实际情况确定。同时，黄老师提醒冬冬妈妈最好在冬冬喝奶前后1小时或睡前带其做操。此外，黄老师还分享给了冬冬妈妈一个婴儿抚触操训练视频，建议冬冬妈妈按照视频中的方法带着冬冬做抚触操，以促进冬冬神经系统的发育。

入户指导活动结束的第二天，黄老师通过社交软件询问冬冬妈妈带着冬冬做操的情况，在线上为冬冬妈妈答疑解惑。冬冬妈妈表示，她已经熟悉了做被动操的步骤，还试着为冬冬做了一节抚触操，做操后，冬冬的情绪很好。冬冬妈妈还表示，她很期待黄老师下一次的入户指导，并与黄老师约好了下次入户指导的时间。

评价与分析：

黄老师此次入户指导的内容较为科学、合理、全面，有利于实现活动目标和家长指导目标。原因如下。

（1）入户指导前的准备较充分。黄老师通过问卷调查的形式，就冬冬的粗大动作发展情况对其家长进行了问询。这样，既帮助冬冬的家长准确评估了冬冬的身体发展情况，又使自己了解了冬冬的发展需求，也为设计出适宜的亲子活动打好了基础。

（2）能够指导家长学会观察婴儿的表现。在做操前，黄老师告诉冬冬妈妈做操时要注意观察冬冬的情绪变化，并及时回应冬冬的反馈；在做操过程中，黄老师一边观察冬冬和冬冬妈妈的表现，一边提示冬冬妈妈在关键节点观察冬冬的表情变化，让冬冬妈妈学会判断冬冬是否喜欢做操、自己的力度是否合适。

（3）注重对家长进行方法论层面的指导。为了帮助冬冬妈妈学会做被动操，黄老师先为其做示范，然后在旁边对其进行口头指导，最后还为冬冬妈妈提供了纸质版做操步骤和被动操指导视频，以便冬冬妈妈反复练习。

（4）重视亲子活动的延伸。除了做被动操，黄老师还建议冬冬妈妈带着冬冬做抚触操，以促进冬冬健康成长。

（5）指导方式多元。黄老师不仅在活动现场对冬冬妈妈进行了全面指导，在入户指导活动结束后，还通过社交软件对冬冬妈妈进行线上回访，为冬冬妈妈答疑解惑。

幼教小课堂

婴儿被动操

婴儿被动操

婴儿被动操是婴儿完全在家长的帮助下完成的婴儿体操，其能够锻炼婴儿的胸、臂、腿部肌肉，促进其肩关节、膝关节、肘关节、髋关节和韧带的发展，主要适用于1～6个月的婴儿。婴儿被动操共8节，分别是扩胸运动、屈肘运动、肩关节运动、上肢运动、踝关节运动、两腿轮流伸屈运动、举腿运动和翻身运动。各节活动步骤如下。

第一节：扩胸运动

预备姿势：婴儿仰卧在操作平台上，家长立于婴儿足端，双手握住婴儿的腕关节，把大拇指放在婴儿掌心内，让其握住，并将婴儿的双臂放于其身体两侧。

活动步骤：

（1）第一拍动作：家长将婴儿的双臂左右张开，与身体成 90°，掌心向上，如图 4-4（a）所示。

（2）第二拍动作：家长将婴儿双臂拉至胸前交叉，如图 4-4（b）所示。

（3）第三拍动作同第一拍，第四拍动作同第二拍，左右交替轮换做。

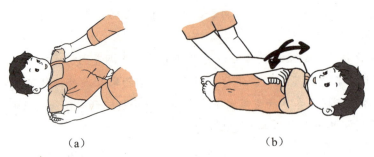

（a）　　　　　　　　　　　　（b）

图 4-4　扩胸运动示意图

第二节：屈肘运动

预备姿势：同第一节。

活动步骤：

（1）第一拍动作：家长向上弯曲婴儿的左臂肘关节，如图 4-5（a）所示。然后还原，如图 4-5（b）所示。

（2）第二拍动作：家长向上弯曲婴儿的右臂肘关节，如图 4-5（c）所示。然后还原，如图 4-5（d）所示。

（3）第三拍动作同第一拍，第四拍动作同第二拍，左右交替轮换做。

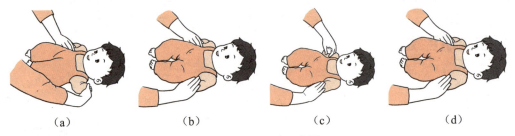

（a）　　　　　　（b）　　　　　　（c）　　　　　　（d）

图 4-5　屈肘运动示意图

第三节：肩关节运动

预备姿势：同第一节。

活动步骤：

（1）前四拍动作：家长握住婴儿的左手把胳膊拉直，以婴儿的肩关节为轴心，由内向外环形旋转肩部一周，如图 4-6（a）所示。

（2）后四拍动作：家长握住婴儿的右手，做与左手相同的动作，如图 4-6（b）所示。

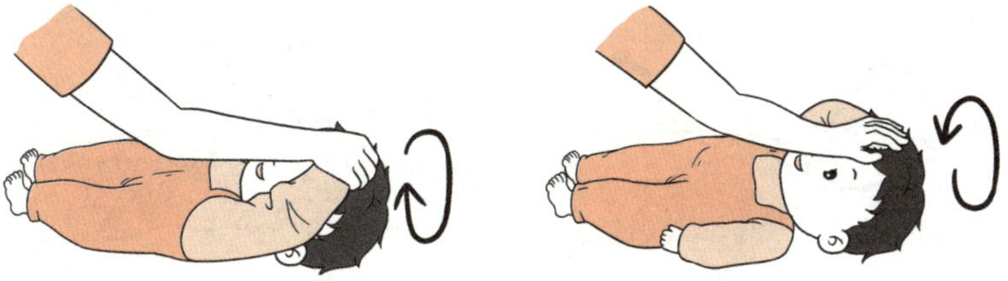

（a）　　（b）

图 4-6　肩关节运动示意图

第四节：上肢运动

预备姿势：同第一节。

活动步骤：

（1）第一拍动作：家长将婴儿的双臂左右张开，与身体成90°，如图4-7（a）所示。

（2）第二拍动作：家长将婴儿的双手拉至胸前交叉，如图4-7（b）所示。

（3）第三拍动作：家长将婴儿的双手向上举过头，掌心向上，如图4-7（c）所示。

（4）第四拍动作：家长将婴儿的双臂还原至身体两侧，如图4-7（d）所示。

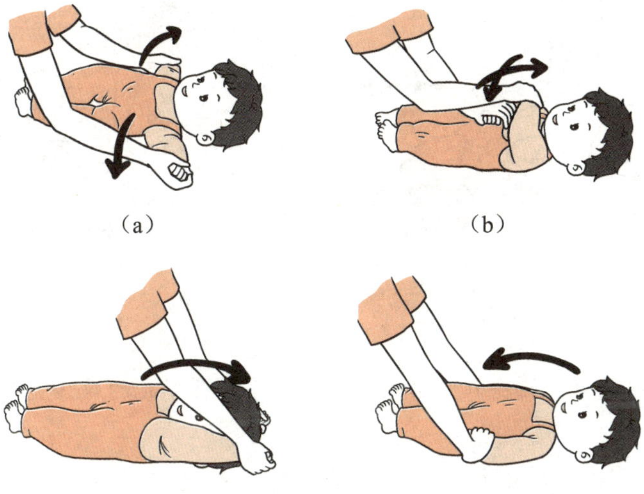

（a）　　（b）

（c）　　（d）

图 4-7　上肢运动示意图

第五节：踝关节运动

预备姿势：婴儿仰卧在操作平台上，家长立于婴儿足端，左手握住婴儿的左侧踝关节，右手握住婴儿的左足前掌部。

活动步骤：

（1）第一拍动作：家长向上屈伸婴儿左侧踝关节，如图4-8（a）所示。

（2）第二拍动作：家长向下还原婴儿左侧踝关节，如图4-8（b）所示。

（3）第三、第四拍动作：家长握住婴儿的右侧踝关节，做与第一、第二拍相同的动作。

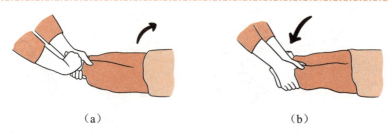

（a）   （b）

图 4-8　踝关节运动示意图

第六节：两腿轮流伸屈运动

预备姿势：婴儿仰卧在操作平台上，家长双手握住婴儿的两条腿，并将婴儿的两条腿伸直。

活动步骤：

（1）第一拍动作：家长将婴儿的左腿屈缩至腹部，如图 4-9（a）所示。

（2）第二拍动作：家长向下还原婴儿的左腿成伸直状态，如图 4-9（b）所示。

（3）第三、第四拍动作：家长握住婴儿的右腿，做与第一、第二拍相同的动作。

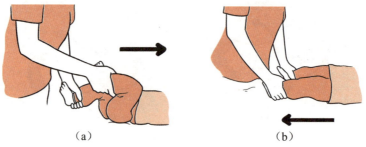

（a）   （b）

图 4-9　两腿轮流伸屈运动示意图

第七节：举腿运动

预备姿势：婴儿仰卧在操作平台上，家长双手握住婴儿的双膝关节。

活动步骤：

（1）第一、第二拍动作：家长将婴儿的双腿伸直并拢，慢慢上举至与身体成 90°，如图 4-10（a）所示。

（2）第三、第四拍动作：还原，如图 4-10（b）所示。

（a）   （b）

图 4-10　举腿运动示意图

第八节：翻身运动

预备姿势：婴儿仰卧在操作平台上，两手交叉放于胸前。

活动步骤：

（1）第一、第二拍动作：家长右手放于婴儿的胸前，左手垫于婴儿的颈背部，帮助婴儿从仰卧位转为左侧卧位，如图4-11（a）和图4-11（b）所示。

（2）第三、第四拍动作：还原。

（3）第五、第六拍动作：家长左手放于婴儿的胸前，右手垫于婴儿的颈背部，帮助婴儿从仰卧位转为右侧卧位，如图4-11（c）和图4-11（d）所示。

（4）第七、第八拍动作：还原。

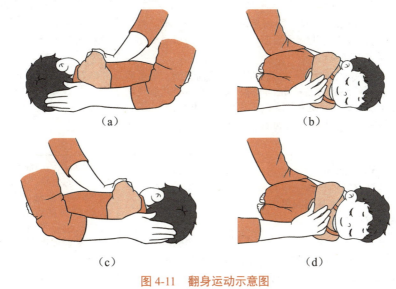

图4-11　翻身运动示意图

三、0～6个月婴儿亲子活动的设计与指导实例

（一）"玩具博览会"亲子活动

"玩具博览会"是为0～3个月婴儿设计的认知活动，其具体的内容与评析如表4-2所示。

表4-2　"玩具博览会"亲子活动

项目	具体内容	活动设计与指导点评
适宜月龄	0～3个月	
活动目标	（1）刺激婴儿的视觉和听觉发展。 （2）使婴儿学会抓握动作	0～3个月的婴儿应能够追声、追物、手握物品片刻。因此，该活动目标的制定较合理

项目	具体内容	活动设计与指导点评
家长指导目标	（1）了解婴儿视觉发展特点。 （2）学会训练婴儿抓握动作的方法。 （3）掌握增进亲子感情的技巧	（1）能够帮助家长学习专业知识、掌握实践技能。 （2）注重亲子关系的培养
活动准备	一张桌子、一个彩球、一个手摇铃、一本黑白卡片书、若干块色彩鲜艳的积木	多为色彩刺激性较强的材料，且都是该阶段婴儿常见的玩具，便于准备
活动过程	（1）家长将彩球、手摇铃、黑白卡片书、积木摆放在桌子上。 （2）家长抱着婴儿站在离玩具20～30厘米的地方。 （3）家长指着桌上的物品说："宝宝看，那些都是什么呀？我们拿起来看看吧。"家长边说边引导婴儿注视桌上的物品。 （4）家长依次拿起物品并在婴儿眼前晃动，吸引婴儿的视线跟随物品移动。同时，家长要向婴儿解说所拿的物品，如"这是手摇铃，它可以发出声音"。 （5）家长将物品放置在婴儿手边，鼓励婴儿握住物品	（1）适合在这一阶段开展的认知活动主要是视听活动。因此，该活动内容适合在该阶段开展。 （2）活动过程简单、便于开展，符合这一阶段婴儿的实际状况
家长指导	（1）在活动中，家长要注意观察婴儿的视线是否可以跟随移动的物体、是否可以手握物品片刻、是否会盯着色彩对比强烈的黑白卡片看，以此来判断婴儿的视觉发展状况。 （2）摇动手摇铃时力度要柔和，声音不能太大。 （3）0～3个月的婴儿仅能够注视距离眼睛20～30厘米处的物品，因此，不能站得太远。 （4）除了以上玩具，家长还可以准备其他色彩鲜艳的玩具。 （5）除了把玩具放在婴儿眼前晃动这一方式，家长还可以将一些发声玩具放在婴儿视线外，培养婴儿寻找声源的能力。 （6）这一活动可以经常开展，活动时间要控制在3分钟内，避免婴儿疲劳	（1）该活动注重对家长进行方法论的指导，从开展视听活动的具体方法及注意事项、活动材料的选择等多个方面对家长进行了指导，能够帮助家长掌握训练婴儿抓握动作的方法。 （2）该活动重视对家长观察能力的指导。例如，指导家长观察婴儿的视线是否可以跟随移动的物体、婴儿是否可以手握物品片刻等。 （3）该活动重视指导家长学会对亲子活动进行延伸，如指导家长变换活动材料及活动开展方式

（二）"看，这是谁？"亲子活动

"看，这是谁？"是为4～6个月婴儿设计的认知活动，其具体的内容与评析如表4-3所示。

表4-3 "看，这是谁？"亲子活动

项目	具体内容	活动设计与指导点评
适宜月龄	4～6个月	
活动目标	（1）使婴儿学会观察镜中人像。 （2）让婴儿感知镜子中自己的形象，促进婴儿自我意识的发展	4～6个月的婴儿还没有出现自我意识，但家长可以有意识地对其自我意识进行培养。因此，该活动目标符合这一阶段婴儿的发展需求
家长指导目标	（1）了解婴儿的认知发展特点。 （2）了解婴儿的自我意识发展规律。 （3）初步学习促进婴儿自我意识发展的方法。 （4）学会借助镜像游戏与婴儿培养感情	
活动准备	一面镜子	生活中的常见材料，易获取
活动过程	（1）将婴儿带到一面大镜子前，让婴儿坐在家长的腿上，背靠着家长。 （2）家长对着镜子做不同的表情，吸引婴儿注视镜中人像，同时观察婴儿的反应和表情。 （3）家长指着镜子中的婴儿问："这是谁呀？原来是××（婴儿名字）呀。"同时，家长要观察婴儿的反应。 （4）家长带婴儿认识镜中的自己——握住婴儿的手协助其摸一摸自己的头发、鼻子、眼睛等，一边摸，一边说"这是头发""这是鼻子""这是眼睛"等。 （5）家长问婴儿："你摸一摸妈妈（爸爸）好不好？"然后，家长拿着婴儿的手触摸自己	（1）活动过程注重亲子互动，有利于促进婴儿的社会性发展。 （2）活动过程中的言行贴合日常生活，可以迁移到生活中。 （3）活动过程虽然简单，但能够促进婴儿多方面的发展，包括视觉发展、触觉发展、情绪情感发展、自我意识发展等
家长指导	（1）4～6个月的婴儿应能够注视镜中人像，且在照镜子时会做出不同的面部表情。因此，在活动中，家长要认真观察婴儿是否能够注视镜中人像，其看镜子时面部表情是否有变化。 （2）家长可以对着镜子做鬼脸，吸引婴儿模仿。 （3）除了照镜子，还可以开展其他活动，以培养婴儿的自我意识，如指认身体部位的亲子活动。 （4）家长可以准备能够移动的镜子，让婴儿俯卧着照镜子，通过不断改变镜子的高度，来训练婴儿俯卧抬头的动作。 （5）这一活动最好持续多次进行，家长连续观察并记录婴儿在不同月龄照镜子时的反应。每次活动时间以2～3分钟为宜。 （6）不要使用失真的哈哈镜，以免让婴儿产生错误的认知	（1）在婴儿4～6个月这一阶段，家长可以开始培养婴儿的自我意识。该活动在此方面对家长进行了全面指导，尤其注重对家长进行方法论的指导，即指导家长掌握具体的促进婴儿自我意识发展的亲子活动方法，并介绍了注意事项。 （2）该活动指导家长观察婴儿在活动中的表现，如婴儿是否能够注视镜中人像，其看镜子时面部表情是否有变化。 （3）该活动指导注重活动迁移，提示家长在活动基础上变换开展形式，对活动进行创新

模块二　7～12 个月婴儿亲子活动的设计与指导

一、7～12 个月婴儿亲子活动的设计思路

　　7～12 个月的婴儿身体活动能力逐渐增强，外出时间也逐渐增加。在这一时期，家长除了在家中与孩子开展亲子活动，也可带孩子去早教机构参加亲子活动。早教教师在为这一年龄段的婴儿设计亲子活动时，不仅需要考虑婴儿的发展特点和实际需求，还应提前根据婴儿的实际状况选择合适的亲子活动地点。

（一）制定活动目标

　　7 个月以后，婴儿需要达到的发育目标逐渐增加。国家卫生健康委制定的《托育机构保育指导大纲（试行）》中列举了 7 个月以后的婴幼儿在生活与卫生习惯、动作、语言、认知、情感与社会性等方面的发育要点和指导要点。早教教师在制定 7～12 个月婴儿亲子活动目标和家长指导目标时，可参考 7～12 个月婴儿的发展特点和《托育机构保育指导大纲（试行）》中的具体要求。例如，早教教

《托育机构保育指导
大纲（试行）》

师萌萌在了解了 7 个月大的金金的发育情况后，根据《托育机构保育指导大纲（试行）》中对 7～12 个月婴儿粗大动作的发育要求（鼓励婴儿进行身体活动，尤其是地板上的游戏活动），以"学会向前爬"为亲子活动目标，为金金及其家长设计了一项家庭亲子活动，取得了很好的效果。

　　与 0～6 个月婴儿相比，7～12 个月婴儿在动作、认知、语言、社会性等方面有了进一步的发展。他们动作更加灵活，认知得到拓展，语言开始萌芽，社会性也逐渐加强，如表 4-4 所示。

表4-4　7～12个月婴儿的发展特点

月龄	动作发展	认知发展	语言发展	社会性发展
7～9个月	（1）独坐时无须用手支撑上身，且上身可自由转动取物。 （2）会向前爬。 （3）双手扶物时可站。 （4）被成人拉着双手时，能较协调地移动双腿，并向前行走3步或以上。 （5）尝试用拇指和食指配合取物。 （6）能伸手拿起桌上的小物品。 （7）能把两块积木握在手中并对击	（1）认识熟悉的物品，如奶瓶。 （2）能感知物体的远近、大小、形状、材质等。 （3）能理解大人的手势指令。 （4）知道自己喜欢什么玩具，且会按照自己的喜好挑选玩具。 （5）产生初步的模仿能力	（1）能听懂简单的词语，如听到"爸爸"这个词时会把头转向爸爸。 （2）对简单的语言命令有反应。例如，妈妈对婴儿说"跟老师说再见"，婴儿会对着老师挥手道别。 （3）能模仿发声，如模仿咳嗽声	（1）能认生人，且看到生人时会出现警惕、退却、回避、拒绝等行为。 （2）和他人交往时，能用动作向他人表示拒绝，如摇头或用手推开他人。 （3）能理解成人不同面部表情所代表的意思，如板着脸代表生气等。 （4）出现分离焦虑，且逐渐严重。 （5）出现情绪的社会性参照，即当其处于陌生的情境时，其会从成人的面孔上寻找表情线索，然后给出相应的反应
10～12个月	（1）能独自站立数秒，但身体会有轻微晃动。 （2）能独自扶物蹲下取物。 （3）被成人拉着一只手时，能向前行走3步或以上。 （4）会用拇指和食指对捏小珠子。 （5）会用手在盒子里翻找物品。 （6）能用整只手握住笔，并在纸上留下笔痕。 （7）能做出双手抛掷、倒出、放入等动作	（1）能区分出甜、苦、咸等味道和香、臭等气味。 （2）喜欢看图画。 （3）开始建立客体永久性观念，能够找到被藏起来的物体。 （4）会关注比较细小的物体，喜欢摆弄、观察玩具。 （5）能正确理解部分物品的功能，如知道杯子可以用来喝水	（1）能理解"不"的意思。 （2）询问其问题或向其要东西时，能听懂，并给出相应的反应。 （3）能用简单的声音、表情、动作、语言等表达自己的需求。 （4）开始通过模仿学习说话，如模仿叫"爸爸""妈妈"	（1）对特定的人和玩具表现出偏爱，如看到喜欢的家庭成员时，会伸出手臂求抱。 （2）喜欢和同伴交往，交往时会注视并伸手触摸同伴。 （3）与他人交往时，喜欢模仿他人。 （4）成人为其穿衣服时会主动伸手、伸腿，以配合成人

"客体永久性"是指婴幼儿能够理解物体是作为独立实体而存在的，即知道离开自己视线的物体仍然是存在的。通常，婴儿在9~12个月时，开始建立客体永久性观念，主要表现是如果将婴儿正在玩的玩具（客体）拿到他们视线之外，婴儿会意识到玩具只是被"藏"了起来，而不是"消失"了，他们会主动寻找被藏起来的玩具，且随着月龄的增长，婴儿逐渐能够更加轻松地找到被藏起来的玩具。

（二）选择活动内容

适合7~12个月婴儿开展的亲子活动包括动作活动、认知活动、语言活动和社会性活动等。

1. 动作活动

动作发展是7~12个月婴儿发展最为迅速的方面。所以，多开展动作类亲子活动对这一年龄段的婴儿来说尤为重要。

这一阶段，婴儿学会的粗大动作以位移动作为主，因此，可开展学习独坐、学习爬行（原地转圈爬、往后倒退爬、向前爬）、学习扶物站（见图4-12）、学习走路（扶走）等身体动作类亲子活动。

这一阶段，婴儿的手更加灵活，可选择的精细动作亲子活动以能够促进婴儿抓、捏、握等动作发展的内容为主，如捏小珠子、抓握奶瓶（见图4-13）等。

图4-12　扶物站

图4-13　抓握奶瓶

 亲子乐园

手膝爬行训练

莹莹妈妈为8个多月大的莹莹报了一个一对一早教班。第一次上早教课之前，早教机构的陈老师初步了解了莹莹的发育情况，她得知莹莹还没有开始练习爬行。所以，陈老师以"使婴儿学会借助双手和膝盖的力量向前爬"为活动目标，专门为莹莹设计了一个手膝爬行训练的亲子活动。

活动当天，陈老师带着莹莹和莹莹妈妈走进一个铺着地垫的宽阔的教室。陈老师先要求莹莹妈妈帮助莹莹趴在地垫的中央；接着，她将提前准备好的玩具放在莹莹伸手就能抓到的地方；然后，她指导莹莹妈妈用语言和莹莹互动，鼓励莹莹伸手抓玩具。莹莹妈妈按照陈老师的指导，指着玩具对莹莹说："莹莹，那是什么呀？"莹莹先盯着玩具看了看，然后伸手去抓玩具。在莹莹快要抓到玩具时，陈老师将玩具略微向后移动，鼓励莹莹向前爬。这个时候，莹莹妈妈询问陈老师："如果莹莹不愿意抓玩具怎么办呢？"陈老师说："如果孩子不愿意向前爬，有可能是她对玩具不感兴趣，此时可以更换玩具。所以，在活动中，要认真观察孩子看到玩具时的反应，以此来判断选取的玩具是否合适。"莹莹稍微爬了一两步就不愿意再爬了。

这时，陈老师用双手托起莹莹的腹部，减轻其身体的重量，以训练其向前爬的动作。然后，陈老师让莹莹妈妈按照她的方法托起莹莹的腹部，训练其爬行。陈老师在旁边一边观察莹莹妈妈的动作，一边告诉莹莹妈妈要仔细观察莹莹的表情变化，如果莹莹出现痛苦、烦躁等表情，就要确认自己双手的位置和力度是否恰当。同时，陈老师告诉莹莹妈妈，托举腹部爬行是训练婴儿向前爬行的有效方法之一。通过这样的练习，婴儿四肢的肌肉会逐渐有力，能够支撑住其身体的重量，慢慢地，婴儿就能够借助双手和膝盖的力量向前爬了。

接下来，陈老师把玩具交给莹莹妈妈，让其晃动玩具并对莹莹说："莹莹，爬过来呀。"当莹莹爬过2～3步后，陈老师提示莹莹妈妈可以让莹莹抓到玩具了，同时要立刻赞美莹莹。随后，陈老师让莹莹妈妈带着莹莹休息一会儿再练习。在莹莹休息时，陈老师告诉莹莹妈妈，在练习时，要适时地让婴儿体会到成就感，并适当让其休息，避免婴儿因挫败感而对活动失去兴趣，或者出现过于劳累的情况。

活动结束后，陈老师建议莹莹妈妈回家后和莹莹爸爸相互配合，坚持每天让莹莹练习向前爬，但每次练习时间不要超过10分钟。陈老师还告诉莹莹妈妈，这一活动可以结合认知活动开展，即为婴儿提供能够发声或发光的玩具、色彩鲜艳的玩具、不同触感的玩具等，以刺激婴儿听觉、视觉、触觉的发展。

活动设计评价：爬行训练对7～9个月婴儿非常重要，它不仅能锻炼婴儿四肢的力量，还能提高婴儿对环境的适应能力。因此，该活动内容的选择符合这一年龄段的发展需求。此外，该活动能够与认知活动相结合，活动内容具有较强的迁移性。

2. 认知活动

7～12个月的婴儿正处于感知运动阶段，其认知能力处于初步发展的时期。因此，对7～12个月婴儿来说，从他们的一日生活中选择常见的物品来作为其认识世界的开始是比较合适的。具体来说，7～12个月婴儿可开展的认知活动主要有以下3类：① 观察类活动，即家长带领婴儿观察日常生活中的物品，同时，家长应有意识地告诉婴儿每个物品的名称；② 亲身感知类活动，即家长教婴儿借助各种感官感知物体的大小、形状、颜色、材质等，如引导孩子通过看一看、摸一摸等方式感知不同水果的颜色和大小；③ 藏东西活动，即将婴儿熟悉的玩具当着婴儿的面藏起来，引导婴儿寻找玩具，这一活动能帮助婴儿建立客体永久性观念。

课堂互动

某早教机构的施老师为10～12个月的婴儿设计了一个认知类亲子活动——"大苹果和小枇杷"。

"大苹果和小枇杷"亲子活动方案

适宜月龄： 10～12个月。

活动目标： 使婴儿学会辨别大小和颜色。

家长指导目标： ① 了解婴儿对大小、颜色的认知发展规律；② 学会教婴儿辨别物品大小、颜色的途径和方法。

活动准备： 一个红色的大苹果，一个黄色的小枇杷。

活动过程：

（1）教师出示苹果，并说："红色的，大大的苹果。"同时用手摸一摸苹果。接着出示枇杷，并说："黄色的，小小的枇杷。"同时用手摸一摸枇杷。

（2）教师先将苹果拿给家长，让家长重复教师在上一步骤中的语言和动作。然后，家长对婴儿说："宝宝，你摸一摸苹果和枇杷吧。"引导婴儿观察并用手摆弄苹果和枇杷。

（3）在婴儿观察、摆弄苹果和枇杷时，家长向婴儿提问："宝宝，你看一看，是苹果大还是枇杷大？"若回答正确，则对婴儿进行表扬；若回答错误，可让其再次观察后回答。

（4）反复训练，直至婴儿能够正确辨别大和小、红色和黄色。

家长指导内容：

（1）该活动也可以选择其他水果代替，但外观上要具有明显的大小和颜色差异。

（2）1岁前的婴儿只能通过触觉和视觉感受不同物品间大小和颜色的不同，因此，在活动中，应重点引导婴儿借助感官去观察、感知物品的大小差异和颜色差异。

活动迁移：

在日常生活中，家长可以继续引导婴儿观察各种生活用品的大小、颜色、形状、长短等，如观察不同餐具的形状。同时，家长还可以借助语言和动作向婴儿展示各种生活用品的功能和用法，以提高婴儿的认知能力。

想一想： 请和身边的同学讨论施老师设计的亲子活动属于哪类认知活动，并探讨施老师所设计的亲子活动是否合理。

3. 语言活动

7～12个月的婴儿逐渐进入学话萌芽阶段。这一阶段，婴儿不仅能够听懂一些简单的词语和句子，他们还经常咿咿呀呀地说一些含糊不清的词语，这意味着他们开始学习说话了。

在这一阶段，可以选择一些练习发音的语言类亲子活动，以重复训练某个发音的方式，刺激婴儿开口说话。例如，在"学习动物叫"亲子活动中，家长反复重复各类动物的叫声，吸引婴儿模仿，刺激婴儿发声。

学习动物叫

为了促进10～12个月婴儿的语言发展，某早教机构的金老师以"使婴儿学会倾听并模仿发音，让婴儿学会不同动物的叫声"为活动目标设计了"学习动物叫"这一亲子活动。

活动开始前，金老师准备了若干种会发声的动物玩具，包括小鸡、小鸭、小狗、小猫和小猪等。活动开始后，金老师让所有家长抱着婴儿坐下，并告诉家长在活动过程中要注意观察婴儿是否能够发声、能否主动模仿发声、模仿的动物叫声是否准确，以及婴儿的情绪变化。

家长和婴儿坐好后，金老师面向所有家庭坐下并出示了几种动物玩具；然后，金老师为婴儿依次介绍每种动物的名称；接着，金老师模仿相应动物的叫声，如"小鸡咯咯咯……""小鸭嘎嘎嘎……""小狗汪汪……""小猫喵喵喵……""小猪哼哼哼……"等。此时，在场的婴儿都被金老师的模仿声所吸引。

接下来，金老师指导家长用准备好的动物玩具与婴儿互动——家长先拿起其中一种动物玩具并模仿其叫声；婴儿再拿起一种动物玩具，家长模仿其叫声。如此交替着反复练习，让婴儿认识每一种动物，并记住每一种动物的叫声。

在家长和婴儿开展活动时，金老师在旁边提醒家长在模仿动物叫声时声音要适当大一些，最好配上生动的表情，以吸引婴儿模仿。如果婴儿不知道如何发音，家长可多模仿几次。同时，金老师告诉家长，当婴儿成功模仿出动物的叫声时，要立刻赞美婴儿，这会使婴儿感到十分快乐。此外，金老师还指导家长在活动中尝试培养婴儿对积极情绪的认知能力，如请家长询问婴儿"宝宝开心吗"。

活动开展了10分钟后，金老师提醒家长可以结束活动了，以免婴儿厌倦该活动。在对活动进行总结时，金老师告诉家长还有很多类似的亲子活动也能刺激婴儿发音。例如，让婴儿模仿生活中其他事物的声音，如对敲积木时的"哒哒"声，敲门时的"咚咚"声。又如，在日常生活中，为婴儿提供动物卡片，并引导婴儿模仿卡片中动物的叫声；在阅读活动中，可选择以各种小动物为主角的故事书，一边为婴儿读故事，一边引导婴儿模仿书中动物的叫声。

　　活动设计评价： 学动物的叫声是婴儿非常喜欢的亲子活动。该活动过程简单，对婴儿学习发声有很好的促进作用。并且，该活动将婴儿的发展需求与婴儿的兴趣爱好结合起来，能够调动婴儿模仿发音的积极性，促进亲子活动的顺利开展。

看看想想

　　请扫一扫右图的二维码，观看某幼儿园教师开展的亲子活动"学习动物叫"。请思考：该亲子活动与上述案例中亲子活动有何不同？视频中的早教教师哪些地方处理得较好，哪些地方还可以改进，为什么？

亲子活动——学习动物叫

4．社会性活动

　　7～12个月的婴儿已经能够认生人，喜欢和熟悉的亲人交往，与依恋对象的依恋情感正式建立，且分离焦虑日益严重。因此，这一阶段社会性培养的重点是建立积极的亲子情感。在此阶段，一般不宜开展独立的社会性活动，而是将社会性内容融合在各类活动中。这就要求早教教师在设计各类亲子活动时，要注意亲子之间的情感交流与沟通，而不能仅仅把目标局限在提升婴儿各项能力的发展上。

（三）做好活动准备

1．创设适宜的活动环境

　　7～12个月婴儿亲子活动环境的创设应围绕活动内容展开，具体如下。

　　粗大动作类亲子活动的环境创设重点在于为婴儿和家长提供宽阔、明亮、安全的活动场地，以便于婴儿坐、爬、站和走等。同时，还要准备丰富的活动材料，主要是颜色鲜艳或婴儿喜欢的玩具，以便借助这些材料吸引婴儿动起来。

　　精细动作类亲子活动的环境创设重点在于为婴儿创造用手抓物、捏物、抠物的机会，如为婴儿准备一些有助于精细动作发展的活动材料，包括涂画笔、拼搭积木（见图4-14）、沙锤（见图4-15，用于训练婴儿双手对敲）等。

　　语言类亲子活动的环境创设重点在于为婴儿提供丰富、有趣的刺激发声的材料，如发声玩具、故事朗读机等。

　　认知类亲子活动通常与婴儿的日常生活密切相关，因此，这类亲子活动的环境创设重点在于为婴儿准备大量常见的生活用品，通过引导婴儿观察、触摸这些生活用品，使他们感受不同生活用品在大小、材质、颜色等方面的差异，从而培养其认知能力。

图4-14　拼搭积木

图4-15　沙锤

2. 设计合理的活动过程

在为7～12个月的婴儿设计亲子活动时，早教教师需要注意以下3点。

（1）注重亲子互动，应多设计一些有利于亲子情感交流的环节。

（2）适当加入观察婴儿情绪变化的环节，以保证活动的顺利开展。

（3）增加感官体验。7～12个月婴儿主要通过感官认识外部世界，在为其设计亲子活动时，要适当加入一些感官体验环节，尽可能多地让婴儿借助自己的感官去看、摸、闻、听、尝各种物品。

  亲子乐园

魔法盒

某早教机构的周老师是融融的入户指导教师。融融现在7个月了，本周六又是入户指导的日子。周老师根据7～9个月婴儿的认知发展特点，从其日常生活入手，设计了"魔法盒"这一亲子活动。周老师希望融融能够通过该活动认识家中的常见物品，促进认知发展；希望融融的家长能够通过该活动了解7～9个月婴儿的认知发展特点及发育需求，学会借助家中常见物品开展亲子活动的方法。

本周五，周老师让融融爸爸提前准备了以下活动材料：一个带盖子的不透明的大盒子、勺子、碗、杯子等生活用品，彩球、手摇铃、积木等融融喜欢的玩具。

周六，周老师准时到达融融家中。在向融融爸爸简要介绍了活动内容后，周老师开始进行示范。示范前，周老师要求融融爸爸注意观察融融的情绪变化。然后，周老师将准备好的生活用品及玩具放在不透明的大盒子里，盖上盖子并晃动盒子，使其发出声音。这时，融融爸爸和周老师发现融融在听到声音后立刻睁大眼睛，紧紧地盯着盒子看。周老师立即将盒子放在融融面前，微笑着鼓励融融打开盒子："融融，你看，这个盒子会发出声音，你打开看看里面有什么吧。"在融融用手掀开盒子的盖子后，周老师引导融融自己拿出盒子里的东西，并告诉其所拿物品的名称及其功能，如"这是杯子，可以用来喝水"等。

融融将所有物品都拿出来后，周老师将其拿出来的物品放回盒子里，然后指导融融爸爸按照刚刚的步骤和融融互动。同时，周老师特别提醒融融爸爸一定要让融融自己动手拿物品，且在融融成功拿出物品后，要先给予其赞美，再用清晰明确的语言告诉其物品名称，并引导融融通过看、摸、听等方式认识各种物品。在融融与融融爸爸互动时，周老师还指导融融爸爸对活动进行拓展。例如，在介绍物品时教融融做相应的动作，如对敲积木、用杯子假装喝水等。

融融和爸爸玩得不亦乐乎。15分钟后，周老师看融融有些累了，便提醒融融爸爸活动可以结束了。随后，周老师告诉融融的爸爸、妈妈可以借助"魔法盒"这一活动教融融认识其他生活用品。同时，周老师提醒融融的爸爸、妈妈开展此类活动时要注意观察融融是否对盒子感兴趣、是否能够打开盒子并拿出物品。此外，家长要善于借助动作为融融展示物品的功能；在活动过程中要做好协助工作，如协助融融打开盒子，还要注意多向融融重复物品名称，强化其记忆。

活动设计评价： 该活动材料为家中常见材料，方便获取，便于在家中开展。该活动过程的设计较合理。首先，有亲子互动环节，如让融融爸爸和融融一起玩耍，能够拉近亲子关系；其次，有观察婴儿表情变化的环节，如观察融融是否出现好奇的表情；最后，有感官体验环节，即让融融自己动手拿物品，并通过看一看、摸一摸、听一听的方式认识各种物品，促进婴儿的认知发展。

二、7～12个月婴儿亲子活动的指导要点

（一）引导家长正确看待孩子的发展水平

7～12个月婴儿的很多亲子活动是由早教教师组织的集体活动。在集体活动中，很多婴儿及其家长会一起开展同一个亲子活动。在活动中，由于婴儿在发展水平、兴趣爱好等方面存在个体差异，因此不同的婴儿会有不同的活动表现。在这种情况下，家长之间难免会进行对比，当部分家长发现自己的孩子与其他孩子相比存在不足时，可能会怀疑自己的孩子是否发育迟缓，这种心态会影响亲子活动的顺利开展。

所以，早教教师要引导家长正确看待孩子的发展水平，让家长理解同龄婴儿之间存在发展差异是正常现象，不要过于紧张。同时，早教教师要及时为家长提供有针对性的建议，和家长一起共促婴儿的健康成长。

例如，10个月的昕昕和妈妈一起参加了早教机构组织的集体亲子活动——"捏橡皮泥"。在活动中，昕昕妈妈发现其他3位同龄婴儿都玩得很开心，拿着橡皮泥捏来捏去，但是昕昕还不会对捏，只会用整个手掌握着橡皮泥。昕昕妈妈焦急地询问林老师昕昕的发育是否迟缓。林老师告诉昕昕妈妈不要焦虑，一般情况下，婴儿在10个月时能学会拇

指和食指对捏，但由于个体发展差异和开始训练时间的不同，每个婴儿实际学会对捏的时间会有所不同，昕昕不会对捏可能是训练太少，只要用正确的方法持续训练即可。在集体活动结束后，林老师又单独指导昕昕妈妈如何在家中开展训练昕昕对捏动作的活动。

（二）指导家长正视孩子的情感需求

在情感与社会性发展方面，7～12个月的婴儿会逐渐出现很多具有里程碑意义的事件，如依恋关系正式形成，分离焦虑出现且逐渐明显，能够理解和辨别多种情绪，等等。因此，在活动中，早教教师要指导家长学会观察婴儿的情绪变化，使他们能够判断婴儿是否产生了爱抚、亲近、搂抱等情感需求，并及时满足孩子的情感需求，以更好地促进其情感与社会性的发展。

（三）指导家长学会使亲子活动向家庭迁移

早教教师在对家长进行指导时，要重视活动向家庭迁移这一方面的指导。具体指导内容包括如何对活动形式进行创新，如何选择可替代的活动材料，向家长提供可选择的同类型活动，等等。

例如，在"追声寻物"亲子活动现场，可可老师指导家长在不同的方位操作各种发声玩具，吸引婴儿追随不同的声源，以此锻炼婴儿的听觉。在活动结束后，可可老师还为家长介绍了其他训练婴儿听觉发展的同类家庭亲子活动。

（四）帮助家长全面学习育儿知识

7个月以后，婴儿各方面的发展都较为迅速，需要训练的内容也逐渐增加，这意味着家长需要掌握的育儿知识也应随着婴儿的不断成长而不断更新。在开展亲子活动时，早教教师要帮助家长全面学习育儿知识，主要包括不同月龄婴儿应达到的发展水平、各种能力的训练方法、可以开展的亲子活动等。

 教学评析

集体亲子活动——找朋友

华老师是某早教机构的亲子活动课指导教师。这周末，她要带着熙熙（10个月）、琳琳（11个月）、岚岚（11个月）及他们的家长开展"找朋友"这一集体亲子活动。该活动目的如下：① 激发婴儿与同伴交往的兴趣，促进其社会性发展；② 使婴儿理解"我"的内涵，促进其自我意识的发展。此外，华老师希望婴儿家长能够通过该活动了解1岁前婴儿的同伴交往特点，学会培养婴儿与同伴交往的方法，掌握帮助婴儿理解"我"这一内涵的技巧。

活动当天，华老师先向各位家长介绍了"找朋友"这一亲子活动。然后，华老师提醒家长，3位婴儿是第一次见面，在活动中可能会因为害怕生人而哭闹，或者不敢与他人接触，如果出现上述情况，家长要将婴儿抱起来，轻轻安抚婴儿，让婴儿有足够的安全感。

　　接下来，华老师组织3位家长带着婴儿坐好，并播放了一首轻柔的音乐。家长和婴儿坐好后，华老师向家长说明了活动的观察要点，包括观察婴儿能否听懂自己的名字、是否害怕生人、是否愿意主动跟同伴打招呼、是否愿意与同伴交往、活动中的情绪变化等。

　　说完观察要点后，活动进入点名环节。华老师面带微笑，依次用"熙熙宝宝、熙熙宝宝在哪里？""琳琳宝宝、琳琳宝宝在哪里？""岚岚宝宝、岚岚宝宝在哪里？"的方式呼唤3位婴儿。每次呼唤后，华老师都会让家长一边挥动婴儿的手回应呼唤，一边说"我是××宝宝，我在这里"。

　　点名结束后，华老师请3位家长依次带领婴儿站起来面向大家，与婴儿一起进行自我介绍，如"大家好，我叫××，我想和你们交朋友"。在这一环节，家长要一边说话一边引导婴儿做打招呼的动作，同时观察婴儿的反应。华老师则站在一旁提示其他家长引导自己的孩子拍手，并带着孩子说："××宝宝，欢迎你！"

　　轮到琳琳进行自我介绍时，琳琳看到所有人都看着她，突然咧着嘴想哭，并扭头抱着妈妈。琳琳妈妈蹲下对琳琳说："你不能这么胆小，你看熙熙和岚岚都不哭。"琳琳听到妈妈的话后，直接大哭起来。此时，琳琳妈妈感到很尴尬，搂着琳琳不知所措。华老师让琳琳妈妈把琳琳抱起来，轻轻地摸一摸琳琳的头，并告诉琳琳不要害怕。琳琳被妈妈抱起来后立刻停止了大哭。然后，华老师让琳琳妈妈抱着琳琳进行自我介绍。这时，琳琳已经不害怕了，还按照妈妈的要求挥手。

　　自我介绍结束后，活动进入自由交流环节。首先，华老师告诉家长，在和孩子交流时要多使用"我"，要多带着孩子和同伴交流；然后，华老师让所有婴儿和家长围成一圈，开始自由交流。在这一环节，华老师一直在旁边观察每个婴儿及其家长的情况，指导家长用正确的方式帮助婴儿与同伴互动。

　　"找朋友"亲子活动进行了约20分钟后，华老师提醒家长这个活动马上就要结束，可以带着婴儿为下一个亲子活动做准备了。然后，华老师告诉家长，在日常生活中要多带婴儿开展社会性交往活动，且在活动中要多为婴儿创造自我介绍的机会。接着，华老师又为家长讲解了1岁前婴儿的社会性交往特点和自我意识发展特点，并为家长介绍了一些合适的亲子活动。

　　当天所有活动结束后，在告别环节，华老师特意对琳琳妈妈说："婴幼儿的发展具有个体差异性，在育儿的过程中，不要总是让孩子和他人进行比较。例如，琳琳因害怕陌生人而大哭是正常的，作为家长，要理解她，不能责备她。"这时，琳琳妈妈已经意识到了自己的错误，她向华老师表示自己以后会改正错误。

评价与分析：

在"找朋友"亲子活动中，华老师的家长指导内容具有较强的实践价值和理论价值，原因如下。

（1）能够指导家长正视孩子的情感需求。在琳琳因认生而大哭时，华老师正确指导琳琳妈妈安慰琳琳，使琳琳停止大哭，不再害怕。

（2）能够引导家长正确看待孩子的发展水平。活动结束后，华老师向琳琳妈妈传递了正确的育儿观念，让其理解孩子会因个体差异性而产生不同于他人的反应，并引导其正确应对孩子的反应。

（3）能够指导家长对亲子活动进行拓展。例如，建议家长多带婴儿开展同类社会性交往活动，且在活动中要多为婴儿创造自我介绍的机会。

（4）帮助家长学习育儿知识。华老师在活动结束后为家长讲解了1岁前婴儿的社会性交往特点和自我意识发展特点，并为家长介绍了一些合适的亲子活动。

三、7～12个月婴儿亲子活动的设计与指导实例

（一）"手指动动动"亲子活动

"手指动动动"是为7～12个月婴儿设计的动作活动，其具体的内容与评析如表4-5所示。

表4-5　"手指动动动"亲子活动

项目	具体内容	活动设计与指导点评
适宜月龄	7～12个月	7～12个月的婴儿应该学会用拇指和食指抓物、对捏物品。因此，这一活动符合婴儿的发展需求
活动目标	使婴儿学会使用拇指和食指抓物，增强婴儿手指的灵活性	7～12个月婴儿精细动作的发展重点是促进其抓、捏、握等动作的发育，该活动着重发展"抓"和"捏"的动作，因此，该活动目标的制定较合理
家长指导目标	（1）掌握指导婴儿用拇指和食指抓物的方法。 （2）了解婴儿用手指抓物这一动作的发展规律。 （3）学会观察、评估婴儿当下的精细动作发展水平	（1）能够帮助家长学习促进婴儿精细动作发展的方法。 （2）能够帮助家长科学评估婴儿的动作发育水平
活动准备	若干个小鱼玩具、纸盒做成的小猫（嘴巴处掏空）玩具	活动材料较为有趣、形象，既有利于活动的开展，又能增强活动的趣味性，提高婴儿参与活动的积极性

项目	具体内容	活动设计与指导点评
活动过程	（1）教师指导家长握着婴儿的双手，对其念五指儿歌。 歌词： 一根手指头呀，变呀变呀变呀，变成毛毛虫呀，爬呀爬呀爬呀； 两根手指头呀，变呀变呀变呀，变成小白兔呀，跳呀跳呀跳呀； 三根手指头呀，变呀变呀变呀，变成小花猫呀，喵呜喵呜喵呜； 四根手指头呀，变呀变呀变呀，变成小小鸟呀，飞呀飞呀飞呀； 五根手指头呀，变呀变呀变呀，变成大老虎呀，嗷呜嗷呜嗷呜。 （2）教师出示"小猫"和"小鱼"材料，并对婴儿说："鱼是小猫最喜欢吃的食物，小猫的肚子好饿呀，我们请它吃香香的小鱼，好吗？"教师示范用拇指和食指捏住"小鱼"喂"小猫"吃"鱼"。 （3）教师指导家长带领婴儿参与游戏。家长用右手拇指和食指捏住"小鱼"喂给"小猫"，并鼓励婴儿动手尝试做该动作。在这个过程中，教师要认真观察家长和婴儿的互动情况。 （4）当婴儿成功完成相关动作时，家长要及时表扬婴儿；如果婴儿无法完成相关动作，家长既要提供适当的帮助，又要安抚婴儿，缓解其因失败产生的消极情绪，还要鼓励婴儿多练习几次	（1）活动过程多次出现"捏"的动作，通过反复练习，有利于婴儿掌握"捏"这一动作。 （2）活动过程中，家长需要及时感知婴儿的情绪变化，回应其情感需求，这表明该活动重视婴儿情感与社会性的发展
家长指导	（1）家长向婴儿示范用手指抓物时，手指动作要明确，以便婴儿进行模仿。 （2）在活动过程中，家长要多用语言和肢体动作肯定婴儿，及时缓解婴儿出现的消极情绪。 （3）在活动过程中，除了训练婴儿用手指抓物、捏物的动作，家长还要有意识地指导婴儿认识"小猫""小鱼"的形状，并鼓励婴儿模仿儿歌中提到的动物叫声，以发展婴儿的认知能力和语言能力。 （4）该活动时间应控制在5分钟内，避免婴儿疲劳，或者因反复做某一动作而感到厌倦	（1）该活动注重指导家长全面学习育儿知识：除了指导家长用正确的方法训练婴儿的精细动作，还指导家长在活动中有意识地对婴儿进行发声训练和认知事物训练。 （2）该活动指导能帮助家长掌握实用的动作训练技巧。 （3）该活动指导注重良好亲子关系的培养，使家长重视婴儿的情感需求和社会性发展
迁移活动	在家庭中，可以开展的同类型活动包括用手指捏小珠子、从盒子中拿放彩球等	注重活动向家庭中迁移

看看想想

　　请扫一扫右图的二维码，观看某幼儿园教师开展的亲子活动"手指动动动"。请思考：该亲子活动与上述案例中亲子活动有何不同？视频中的早教教师哪些地方处理得较好，哪些地方还可以改进，为什么？

亲子活动——手指动动动

（二）"神奇的小毯子"亲子活动

　　"神奇的小毯子"是为7～12个月婴儿设计的情绪认知活动，其具体的内容与评析如表4-6所示。

表4-6　"神奇的小毯子"亲子活动

项目	具体内容	活动设计与指导点评
适宜月龄	7～12个月	
活动目标	（1）让婴儿在活动中感受高兴、开心等情绪。 （2）促进婴儿身体平衡性和协调性的发展。 （3）增进亲子感情	该活动有利于促进婴儿的全面发展
家长指导目标	（1）掌握促进婴儿前庭平衡能力发展的方法。 （2）了解平衡系统对婴儿发展的重要性	
活动准备	儿歌、毛巾毯 　　注意：该活动需要两位家长参加	材料易获取，便于活动向家庭中迁移
活动过程	（1）教师给家长提供一条毛巾毯，并提醒家长在活动中要保护好婴儿的安全。 （2）教师教家长用毛巾毯制作"小船"，并让婴儿躺在毛巾毯制作的"小船"里。 （3）教师播放儿歌，两位家长分别拉着毛巾毯的两端，跟随儿歌的节奏左右、前后、上下摇动"小船"。 　　歌词： 　　月亮弯弯，像只小船； 　　小船摇摇，摇到天亮。 （4）婴儿站在地上，家长将毛巾毯裹在婴儿腋下，然后将毯子慢慢地向上拉起，一边拉一边说："小飞机飞啦！"之后，家长将毯子放下说："飞机降落啦！" （5）重复（3）和（4）。整个活动持续5分钟左右即可	（1）活动过程中加入音乐，使活动氛围更加轻松活泼。 （2）活动过程趣味性强，有利于营造愉快的情绪氛围，使婴儿在活动中感受愉悦的情绪

项目	具体内容	活动设计与指导点评
家长指导	（1）婴儿的坐、爬、站立、行走等粗大动作都与平衡系统密切相关，家长应多与婴儿开展此类亲子活动，但要合理控制婴儿的运动量。 （2）在活动开始阶段，婴儿可能会比较紧张，表现为动作比较僵硬、双手紧抓毛巾毯等。这时，家长应以积极的情绪去影响婴儿，并放缓晃动毛巾毯的幅度，在婴儿适应晃动幅度后，家长再缓慢增大晃动幅度。同时，家长要注意观察婴儿的反应，若出现特殊情况，应及时停止活动。 （3）家长应在婴儿进食半小时后开展此活动，避免婴儿在活动中出现呕吐现象	（1）指导时向家长介绍了婴儿平衡系统发展的重要性，能够帮助家长学习必要的育儿知识。 （2）指导家长学会如何应对婴儿的紧张情绪，以使婴儿轻松、愉悦地进行活动
迁移活动	在家庭中可开展的同类活动包括抱着婴儿"开飞机"、让婴儿趴在大球上来回摇晃等	注重活动向家庭中迁移

设计 7～12 个月婴儿集体亲子活动

如今，许多婴幼儿家长已经意识到亲子活动对孩子发展的重要性，除了在家庭中开展亲子活动，也开始主动带领孩子到早教机构参与亲子活动。早教机构中的亲子活动以集体亲子活动为主。请全班同学分组为 7～12 个月婴儿设计集体亲子活动。活动实施步骤如表 4-7 所示。

表 4-7　活动实施步骤表

步骤		具体内容及要求
活动分组		全班同学每 3～4 人为一组，每组选出一位组长
任务分工		各组成员分工查找活动资料，主要包括 7～12 个月婴儿在动作、认知、语言、社会性等方面的发展特点，以及与培养婴儿各方面能力有关的亲子活动案例
活动设计与活动指导方案撰写	活动目标	小组讨论、确定本组所设计的亲子活动目标，包括活动目标和家长指导目标
	活动内容	根据活动目标选择合适的活动内容。应注意的是：集体亲子活动通常由多个小活动组成，在选择活动内容时各组可以根据需求设计多个小活动
	环境创设	必须包括必备的活动材料、应有的环境氛围、所需的活动空间等
	活动过程	主要包括以下两个方面：① 整个集体活动的过程，设计时要考虑适度性原则；② 各个环节的小活动过程，要确保过程安全、可操作性强
	家长指导	写明教师在活动中对家长进行的指导
	家庭迁移	写明本组所设计的亲子活动应如何向家庭中迁移

续表

步骤		具体内容及要求
方案展示、各组互评	展示	各组选出一名代表汇报本组设计的集体亲子活动
	互评	各组从活动整体设计、活动目标选择、活动内容选择、环境创设的合理性、家长指导内容、家庭迁移等方面互相点评
成果提交		各组根据其他小组提出的意见，修改本组的集体亲子活动设计与指导方案，然后将终稿提交给任课教师

活动结束后，各组采取自评、小组互评和教师评价相结合的方式对活动实施情况进行评价，并填写表4-8。

表4-8 活动实施评价表

评价标准	分值	评价得分		
		自评	互评	师评
查找的资料权威、科学、有参考价值	25			
设计的集体亲子活动过程完整，内容趣味性强，安全性高	25			
能够围绕7～12个月婴儿的发展特点和发展需求设计集体亲子活动	25			
能够根据其他小组成员的建议，修改、完善集体亲子活动设计与指导方案	25			

送育儿知识上门 助力农村婴幼儿早教发展

2020年6月，中国计划生育协会印发了《关于实施"向日葵计划"促进农村儿童早期发展的通知》，在部分省（区、市）的乡镇、村居试点建设"向日葵亲子小屋"，将科学养育的理念、知识、服务送进农村和家庭，加快补齐农村地区儿童早期发展服务短板。"向日葵计划"依托亲子小屋阵地开展亲子活动、家长课堂，提供入户指导服务，有效增强了家庭科学育儿意识和能力，大大促进了农村婴幼儿在动作、认知、语言、社会性等方面的发展。

自"向日葵计划"实施以来，各地区积极打造"向日葵亲子小屋"，助力婴幼儿健康成长。以江西省吉安县凤凰镇为例，其"向日葵亲子小屋"以"服务家庭教育，提升早期科学育儿水平，提高家庭教育长远健康发展"为服务宗旨，积极探索适应偏远农村0～3岁婴幼儿发展的家庭早期教育模式，以"向日葵亲子小屋"课堂活动为主，同时选派教师入户指导家长科学育儿，帮助更多的农村婴幼儿家长掌握科学育儿的相关知识，熟悉婴幼儿早教的基本方法。

在入户指导过程中，教师会先为家长分发关于教育策略等方面的辅导资料，并与家长沟通有关婴幼儿的喂养、保健等基本问题，对怎样培养婴幼儿的自理能力给予细致的辅导。随后，教师会指导家长与婴幼儿进行简单的互动，如开展掷硬币、按颜色分类、滚小球、上台阶等亲子活动。教师会对婴幼儿在活动中的表现进行综合评估，将评估结论反馈给家长，并给予家长合理的引导意见。最后，教师还会根据婴幼儿的年龄特征选取适宜该年龄段的玩具送给入户家庭，向家长讲解玩具的玩法，并指导家长利用玩具与婴幼儿开展亲子活动。

除此之外，入户教师还为每个入户家庭的婴幼儿准备了一本《入户随访手册》，记录婴幼儿的姓名、年龄段、行为习惯、运动爱好、智商水平、性格特征、学习动机与态度、与家长交流的情况和监护人的基本状况等信息。对疑似有发展问题的婴幼儿，教师会及时提醒家长带领孩子到妇幼保健机构检查并进行早期干预。

入户辅导公益服务将早期教育的最新理念和方法送到各村各户，不仅让婴幼儿在家门口就能享受到在玩中学、在学中乐的便捷服务，促进其健康成长，还更新了农村家长的教育思想和教养观念。同时，在这个过程中，入户指导的教师也能在不同程度上得到启发，不断积累教育经验，提升教育指导能力。

（资料来源：江西省计生协家庭服务处、安吉县计生协，《送育儿知识上门　助力农村婴幼儿早教发展》，江西省卫生健康委员会，2021 年 12 月 2 日，有改动）

项目综合评价

各组成员结合理论知识的学习情况，课前、课中和课后的任务完成情况，以及素养目标的达成情况 3 个方面，按照表 4-9 的评价标准对该项目的学习效果进行自评和互评，并请教师进行总体评价。

表 4-9　项目考核评价表

考核内容	评价标准	分值	评价得分		
			自评	互评	师评
知识与技能考核	能够简要阐述 0～12 个月婴儿的发展特点	10			
	能够熟练掌握 0～12 个月婴儿的亲子活动设计思路，且能够运用所学知识为各年龄段婴儿设计亲子活动	15			
	能够举例说明 0～12 个月婴儿亲子活动的家长指导要点	15			

考核内容	评价标准	分值	评价得分		
			自评	互评	师评
过程与方法考核	课前积极预习本项目的内容	10			
	课中认真听讲，并积极参与课堂互动	10			
	课后主动复习，并积极参与课后实践活动	10			
综合素养考核	具备良好的人文素养、科学素养和创新意识	10			
	具有较强的反思精神，能够及时发现自己在理论知识学习方面与实践操作过程中的不足之处，并积极改进	10			
	具有良好的语言表达能力、沟通与合作能力	10			
总评	自评（30%）+互评（30%)+师评（40%）=	教师（签名）：			

项目五

1～2 岁幼儿亲子活动设计与指导

学 习 目 标

⭐ 了解 1～2 岁幼儿在不同阶段的发展特点。

⭐ 掌握 1～2 岁幼儿亲子活动设计思路。

⭐ 掌握 1～2 岁幼儿亲子活动家长指导要点。

素 质 目 标

⭐ 树立崇高的职业理想，牢记育人的使命。

⭐ 热爱婴幼儿教育事业，有爱心、耐心和责任心。

项目导入

　　瑶瑶一岁半了，她的爸爸、妈妈工作繁忙，因此，从出生起，大部分时间瑶瑶都由外婆来照顾，这使得瑶瑶十分依恋外婆。瑶瑶的爸爸、妈妈在空闲的时候，会按照育儿书的指导和瑶瑶一起开展各类亲子活动，结果却总是不尽如人意。如果外婆在场，瑶瑶就会和爸爸、妈妈玩得很开心，如果外婆不在场，瑶瑶就会拒绝和爸爸、妈妈开展亲子活动，一直闹着找外婆。

　　最近，瑶瑶的爸爸、妈妈发现瑶瑶的动作发育有些迟缓，很多适合一岁半幼儿开展的动作类活动，如扔皮球、握笔涂鸦等，瑶瑶都做不好。面对这些情况，瑶瑶的爸爸、妈妈很担心。他们害怕长此以往，瑶瑶的发育会不健全。

　　仔细思考后，瑶瑶妈妈为瑶瑶报了一个亲子早教班，希望借助早教教师的力量促进瑶瑶全面发展。瑶瑶妈妈向早教机构的陈老师介绍了瑶瑶的情况，陈老师表示，瑶瑶只是平日里训练不足，相信瑶瑶在早教机构亲子活动和家庭亲子活动的双重训练下，其动作发展会有很大提升。

　　此外，陈老师还提出了两点要求，希望瑶瑶的爸爸、妈妈能够做到。陈老师的要求如下：① 工作日可以由外婆带着瑶瑶开展亲子活动，但休息日尽量由爸爸、妈妈陪伴瑶瑶；② 爸爸、妈妈每天下班后，只要瑶瑶还没有睡觉，就要多和瑶瑶开展亲子活动。陈老师说，做到这两点，不仅能够增进亲子感情，还有助于瑶瑶的情感发育。

　　瑶瑶的爸爸、妈妈接受了陈老师的建议。随后，陈老师便开始为瑶瑶设计具体的亲子活动方案。

　　思考： 如果你是陈老师，你将如何为瑶瑶设计亲子活动？设计这些亲子活动时，你将重点考虑哪些方面？

模块一　13～18个月幼儿亲子活动的设计与指导

　　13～18个月已经进入幼儿期。这一阶段，幼儿在动作、认知、语言、社会性等方面的能力显著增强。家长要密切关注幼儿出现的新的发展需求，有针对性地与其开展丰富的亲子活动。

一、13～18个月幼儿亲子活动的设计思路

13～18个月的幼儿自由活动能力增强，活动空间扩大，且社会性行为增加。在为这一年龄段的幼儿设计亲子活动时，早教教师要从幼儿的发展特点出发，为其设计适宜的亲子活动。具体来讲，可从以下几个方面着手。

（一）制定活动目标

与婴儿期相比，1岁以后的幼儿，各种能力发展较快。13～18个月时，幼儿的独立行走能力、生活自理能力、语言理解能力和动手能力等发展迅速。早教教师在为13～18个月幼儿设计亲子活动时，应从幼儿在这一年龄段应具备的能力出发，制定具体的亲子活动目标和家长指导目标。

例如，辰辰在做一岁半体检时，医生发现其还不能按照指令正确指出自己的身体部位，认为其语言理解能力有待提高。辰辰妈妈向早教机构的孟老师介绍了辰辰的情况，孟老师以"能够按照指令指出自己的五官"为活动目标，为辰辰及其家长设计了"我的五官"这一语言类亲子活动，希望以此提高辰辰的语言理解能力。

表5-1是13～18个月的幼儿在动作、认知、语言和社会性4个方面的发展特点。早教教师在制定活动目标时，可以参考。

表5-1　13～18个月幼儿的发展特点

方面		发展特点
动作发展	粗大动作	（1）能自如地变换爬、走、站、蹲等姿势。 （2）开始学习跑。 （3）会用力推、拉玩具。 （4）会扔球，但无方向（约18个月时）。 （5）开始喜欢爬上爬下（约18个月时）
	精细动作	（1）能握住画笔自发乱画。 （2）能从瓶中取放小物品。 （3）能抓握小勺子。 （4）能玩简单的打鼓、敲瓶等音乐游戏。 （5）能堆起3～4块积木。 （6）能模仿画线
认知发展		（1）喜欢用手或嘴巴探索新事物。 （2）能长时间观察自己感兴趣的事物。 （3）能认出镜子中的自己。 （4）能认识自己的身体部位。 （5）能理解简单的因果关系。 （6）能集中注意力5～8分钟。 （7）开始出现初步的回忆能力

续表

方面	发展特点
语言发展	（1）能按照指令正确指出自己的身体部位，如五官。 （2）能说出自己的名字，能正确地称呼家人。 （3）能说出 10 个单字（爸、妈除外）。 （4）能用拟声词代替具体的物体，如用"滴滴"代表汽车。 （5）能掌握并使用日常生活中常见的动词，如"抱""吃""喝"等。 （6）能模仿熟悉的动物的叫声。 （7）能理解成人大部分语言的意思
社会性发展	（1）能明确表达自己的情绪，如高兴、愤怒、生气、悲伤等。 （2）看到同伴哭泣时，会表现出痛苦的表情或跟着哭。 （3）经提醒会用动作与人交往，如对着他人拍手、点头、挥手等。 （4）对陌生人感到新奇。 （5）情感丰富且多变。 （6）喜欢和同伴交往，能回应同伴的行为，如用手接同伴递过来的玩具。 （7）自我意识产生并开始发展，更加关注自身需要，越来越喜欢独自做事，如喜欢自己动手吃饭。 （8）开始理解简单的行为规范，如能够理解"不要打人"的意思。 （9）喜欢与家长玩亲子游戏

（二）选择活动内容

随着身心的不断发展，13～18 个月幼儿可开展的亲子活动越来越丰富。早教教师在为这一年龄段的幼儿设计亲子活动时，常选择以下活动内容。

1. 动作活动

对 13～18 个月的幼儿来说，可选择的粗大动作类亲子活动主要包括：① 学习下蹲后独自站起；② 不同形式的行走训练，如推物走、独走（见图 5-1）、跨过障碍物走、持物走、拉物走、快步走和后退走等；③ 学习小跑。

13～18 个月的幼儿已经学会了抓、捏、握、塞、拧等精细动作。所以，幼儿在这一时期的精细动作发展目标主要是提升其手指的灵活度。能够实现这一目标的亲子活动主要是那些需要幼儿运用抓、捏、握、塞、拧等精细动作来完成的活动，如涂鸦、撕纸、从罐子里取放物品、拼搭积木、捏橡皮泥、用勺子吃饭（见图 5-2）等。

图 5-1　独走

图 5-2　用勺子吃饭

2. 认知活动

13～18 个月幼儿的认知发展特点是对外界事物的探索积极性逐渐增强，而且他们能够根据看到或听到的内容做出自己的判断。因此，早教教师在为幼儿选择认知类亲子活动内容时，可以根据这一发展特点，选择那些需要幼儿运用其观察力、注意力和辨别力才能开展的活动。例如，选择让幼儿认识常见的生活物品、辨别不同的物品（如在大小、形状、颜色等方面有差异的物品）、感知不同物品的空间位置等内容的活动。表 5-2 所示的亲子活动"勺子运彩球"即为适合这一年龄段幼儿开展的典型的认知活动。

表 5-2　认知活动——勺子运彩球

项目	具体内容	活动内容点评
适宜月龄	13～15 个月	1 岁以后，幼儿开始学习认识生活中的常见物品。此外，1 岁以后，幼儿的精细动作发展主要集中在提升手指的灵活度方面。 该活动先让幼儿认识勺子，再教幼儿使用勺子，既能促进幼儿的认知发展，又能锻炼幼儿的手指肌肉，提升其手指的灵活度。 因此，该活动内容符合 13～15 个月幼儿的发展需求
活动目标	（1）锻炼幼儿的手指肌肉，提升其手指的灵活度。 （2）训练幼儿学会正确使用勺子	
家长指导目标	（1）了解训练幼儿手指肌肉发展，以及提升幼儿手指灵活度的具体方法。 （2）学会训练幼儿正确使用勺子的方法。 （3）学会增进亲子感情的方法	
活动准备	彩球、稍大的勺子（能够舀起彩球）、大碗、托盘。 注意：材料数量根据参与活动的幼儿及家长数量确定	
活动过程	（1）教师将多个彩球一起放进大碗里，然后对幼儿们说："宝宝们，今天，我们一起运彩球吧。" （2）教师拿起一把勺子说："宝宝们认识这是什么吗？这是勺子，我们是不是经常用它吃饭呀？"同时，家长拿起一把勺子递给幼儿，并告诉幼儿："这是勺子。" （3）教师一边做示范，一边说："我们要用勺子，把碗里的彩球一个一个地运到托盘里，宝宝们听懂了吗？" （4）家长引导幼儿回答教师问题。 （5）待全部幼儿都理解了活动规则后，教师说："现在，各位宝宝开始运彩球吧。"	

续表

项目	具体内容	活动内容点评
活动过程	（6）家长按照教师的动作，用勺子将一个彩球运到托盘里，然后让幼儿模仿。此时，教师应在一旁指导家长协助幼儿使用勺子运球，并要求家长不停地与幼儿说话，如"宝宝真棒！""宝宝喜欢哪个彩球呀？""你在运什么？"等	
家长指导	（1）家长要注意观察幼儿是否对活动内容感兴趣、幼儿是否能够抓握勺子、幼儿是否能够做"舀"的动作。 （2）如果幼儿运彩球失败，家长要先明确幼儿失败的原因，如不会握勺子、"舀"的力度太大导致彩球弹出勺子等，以便对其进行针对性指导。 （3）如果幼儿因受挫而发脾气，家长可以用语言鼓励幼儿，还可以拿着幼儿的手帮其运彩球，但最好不要直接代替幼儿运彩球。 （4）如果幼儿能够比较熟练地运彩球，家长可以让幼儿把彩球从托盘里再舀回大碗里。 （5）家长要注意观察幼儿的情绪，引导幼儿用表情、动作或语言表达自己的情绪	
迁移活动	在家庭中，可以用其他材料代替彩球，如彩色的纸团、绒球等，但尽量避免用过于细小的物品，以防幼儿误食。 家长还可以利用一日三餐的机会教幼儿使用勺子，鼓励其用勺子自主进食	

看看想想

　　请扫一扫右图的二维码，观看某幼儿园教师开展的亲子活动"勺子运彩球"。请思考：该亲子活动与上述案例中亲子活动有何不同？视频中的早教教师哪些地方处理得较好，哪些地方还可以改进，为什么？

亲子活动——勺子运彩球

3. 社会性活动

　　13~18个月幼儿的自我意识已经产生并开始发展，他们开始喜欢自己穿衣服、自己吃饭、自己走路等。因此，这一时期，要多选择能够满足幼儿自我意识发展需求的活动内容，如让幼儿学习自己使用勺子吃饭、自己穿简单的衣服等。

　　此外，13~18个月的幼儿应能够认识他人不同的情绪，所以，早教教师应为幼儿设计一些认识情绪的社会性活动。

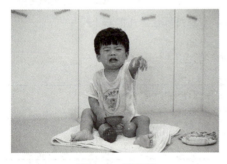 **课堂互动**

早教教师清清为13～18个月的幼儿设计了社会性亲子活动——"认识哭和笑"。

"认识哭和笑"亲子活动方案

适宜月龄： 13～18个月。

活动时间： 5～8分钟。

活动目标： ① 使幼儿认识与哭和笑对应的表情；② 使幼儿学会用字或词表达哭和笑。

家长指导目标： ① 了解幼儿的情绪识别能力发展规律；② 学会教幼儿识别哭和笑的方法。

活动准备： 一张幼儿哭的图片，一张幼儿笑的图片，分别如图5-3和图5-4所示。

图5-3 幼儿哭　　　　　　　　　　　　　　图5-4 幼儿笑

活动过程：

（1）家长拿出两张图片，依次询问幼儿："这个宝宝怎么啦？"然后以对话的形式就两张图片内容讲故事。

（2）讲完故事后，家长对幼儿说："宝宝学一下哭的表情吧。"然后家长先做一个哭的表情，引导幼儿模仿。幼儿模仿后，家长可以说"宝宝哭啦""宝宝不开心了""宝宝为什么会哭"等短句，并多次重复，引导幼儿自己说"哭""不开心"等字或词。

（3）幼儿学会哭的表情后，家长继续说："我们再学一下笑的表情吧。"然后家长先做一个笑的表情，引导幼儿模仿。幼儿模仿后，家长可以一边笑一边说"宝宝真开心""宝宝为什么这么开心呀"等短句，并多次重复，引导幼儿识别开心的情绪，并学习用语言表达开心的情绪。

想一想： 设计好活动过程后，清清老师认为自己所设计的活动存在很多问题，但她又不知道如何完善活动方案。于是清清老师根据自己设计的活动内容列了一个问题清单，决定逐一解决问题，以完善"认识哭和笑"这一亲子活动。下面是清清老师的问题清单，请同学们帮助清清老师排忧解难。

清清老师的问题清单：

（1）在活动第一步中，如果幼儿回答不出家长的问题，家长应该如何做？如果幼儿答非所问，家长应该如何应对？

（2）如果幼儿一直学不会"哭"的表情，家长应该怎么做？是否可以同时教幼儿认识多种表情呢？

（3）在活动过程中，早教教师需要在哪些方面对家长进行指导呢？

（4）活动结束后，如果家长询问早教教师应如何在家中开展此类活动，早教教师应如何回答家长呢？

需要注意的是，在选择以上活动内容时，应重点注意语言活动的融入。13～18个月的幼儿开始尝试开口说话。在设计亲子活动时，早教教师应重点考虑幼儿的语言发展需求，活动的每一个步骤、每一个动作都最好加入语言交流的情节。也就是说，幼儿在这一时期的语言活动是自然而然地融合在其他活动过程中的。

（三）做好活动准备

1. 布置活动区环境

为13～18个月的幼儿设计亲子活动时，早教教师应根据所选择的活动内容合理布置活动区环境。这一时期，幼儿需要的活动区主要包括运动区、动手与益智区、生活体验区、建构区和艺术区等。不同活动区的布置要点如下。

（1）运动区。该区以安全为主要布置原则。在安全的基础上，还要准备各种幼儿感兴趣的玩具，以吸引幼儿开展走、跑、抛球等亲子活动。

（2）动手与益智区。该区以便于开展简单的串珠、分类、配对和套叠等亲子活动为主要布置原则。同时，在这一活动区，应为幼儿准备丰富的符合其年龄发展特点的物质材料，如应为幼儿准备大孔的珠子，以便开展串珠活动。

（3）生活体验区。在布置生活体验区时，一方面，要为幼儿营造温暖、自然且具有生活气息的活动氛围，激发幼儿自主发现、主动探索生活的兴趣；另一方面，要为幼儿准备各种生活材料，如衣服、餐具等，以便家长以丰富的生活材料为基础，和幼儿开展生活体验类的亲子活动。

（4）建构区。建构区的布置要点是为幼儿提供充足的、符合其发展需求的建构材料，如积木块（见图5-5）、七巧板（见图5-6）等。

（5）艺术区。该区的布置要点一方面是要注重童趣，多采用暖色调；另一方面是所提供的活动材料要符合幼儿的年龄特点，不能超出其能力范围，如涂鸦笔要粗一些，音乐材料以敲打类乐器为主，等等。

图 5-5 积木块

图 5-6 七巧板

2. 设计活动过程

在为 13～18 个月的幼儿设计亲子活动过程时，早教教师需要注意以下两点。

（1）重视亲子间的语言交流。13～18 个月的幼儿正处于学习说话的关键时期，开始出现用语言交流的倾向。因此，早教教师在设计亲子活动时，应满足幼儿的语言发展需求，适当加入语言交流的环节，尽可能地为幼儿提供开口说话的机会。

（2）应尽量避免让幼儿一直做同一个动作。例如，在设计"认识香蕉"的亲子活动时，早教教师可以设计让幼儿看香蕉、摸香蕉、尝香蕉、捏香蕉等多个环节，使幼儿全方位地认识香蕉。

 亲子乐园

响瓶摇摇乐

今天，糖糖妈妈带着 14 个月大的糖糖去早教机构上一对一亲子活动指导课。在活动课上，任老师指导糖糖妈妈和糖糖开展了"响瓶摇摇乐"这一亲子活动。

活动开始前，任老师先向糖糖妈妈介绍了活动目标，即锻炼幼儿的捏、塞、拧、摇等精细动作，促进其手眼协调能力和双手协调能力的发展；锻炼幼儿的听觉；培养幼儿的语言表达能力。然后，任老师向糖糖妈妈展示了活动材料——若干个瓶口较大的塑料瓶、若干个洗干净的带壳花生。同时，任老师提醒糖糖妈妈，在活动过程中，要时刻关注糖糖的行为，以防糖糖吞食带壳花生。

接下来就进入了活动环节，具体过程如下。

（1）任老师向糖糖妈妈讲解活动玩法。首先，糖糖妈妈将塑料瓶的盖子拧松，然后请糖糖将盖子完全拧下来。其次，糖糖妈妈向糖糖示范将带壳花生塞进塑料瓶的动作：用右手的拇指和食指捏住带壳花生，对准瓶口将其从瓶口塞进去。

（2）在糖糖妈妈理解了活动玩法后，任老师先让其向糖糖介绍了花生的名称，然后鼓励糖糖说"花生"二字。接下来，任老师让糖糖妈妈教糖糖做拧开瓶盖、捏带壳花生、从塑料瓶口处塞花生、将瓶盖拧上等动作。在这个过程中，任老师一直在旁边进行指导。当发现糖糖的某个动作不够熟练时，任老师告诉糖糖妈妈不要过多干涉糖糖，静静地观察糖糖练习即可；当发现糖糖不会做某个动作时，任老师让糖糖妈妈用另一份活动材料为糖糖做示范，而不是直接代替糖糖去做；当糖糖顺利地做好一个动作后，任老师会和糖糖妈妈一起夸奖糖糖。

（3）糖糖妈妈带着糖糖练习上述动作约5分钟后，任老师指导糖糖妈妈引导糖糖摇晃瓶子，并和糖糖进行语言交流。当出现"当当"的声音时，糖糖妈妈询问糖糖"这是什么声音呀？"，并引导糖糖模仿"当当"的声音。

整场活动持续10分钟后，任老师提醒糖糖妈妈结束活动，因为长时间的训练会使糖糖感到疲劳、厌倦。任老师还建议糖糖妈妈在日常生活中多为糖糖设计倒水、抓泡泡等亲子活动，以提高糖糖的手眼协调能力。

活动设计评价： 首先，该活动材料为家中常见材料，方便获取，便于在家中开展。其次，该活动过程的设计较合理，原因如下：① 突出对幼儿语言能力的培养，在活动中，任老师引导糖糖妈妈持续与糖糖进行语言交流，引导其开口说话；② 活动中的动作设计较丰富，包括捏、塞、拧、摇等动作，有利于促进糖糖精细动作的发展。

看看想想

请扫一扫右图的二维码，观看某幼儿园教师开展的亲子活动"响瓶摇摇乐"。请思考：该亲子活动与上述案例中亲子活动有何不同？视频中的早教教师哪些地方处理得较好，哪些地方还可以改进，为什么？

亲子活动——响瓶摇摇乐

二、13～18个月幼儿亲子活动的指导要点

婴幼儿在不同年龄段的发展存在诸多共性，因此，1岁前的亲子活动家长指导要点在幼儿13～18个月时依然适用。但是，由于13～18个月的幼儿也表现出了诸多不同于0～1岁婴儿的发展特点，所以，这一时期的亲子活动家长指导也存在其特有的应重点关注的指导要点，具体如下。

（一）指导家长理解自身的角色

大多数13～18个月的幼儿家庭刚刚开始接触早教机构，尝试着在早教教师的带领下开展亲子活动。此时，很多家长会不知所措，也不清楚应该如何帮助幼儿。有的家长会请求早教教师包办，代替自己和幼儿开展活动；有的家长会照搬早教教师的言行，而不考虑幼儿的实际需求，这些都不利于亲子活动的开展。因此，早教教师应指导家长理解自身的角色。

首先，早教教师要使家长明白自己在亲子活动中所扮演的角色——活动的主要实施者之一，以及需要发挥的作用——引导和陪伴；其次，早教教师要认真观察家长在亲子活动中的言行，及时发现并纠正其不符合自身角色的言行，指导家长用正确的方法与幼儿开展各类亲子活动。

（二）指导家长引导幼儿表达自我需求

由于自我意识的发展，13～18个月的幼儿已经开始有自己的想法。他们虽然语言能力有限，但他们会借助表情、动作等表达自己的需求。在进行家长指导时，早教教师应特别提醒家长关注幼儿当下的需求和想法，可通过语言询问、动作示范、观察表情等方式引导幼儿表达自我需求，并尊重他们的需求。

（三）指导家长多与幼儿对话

13～18个月的幼儿具有强烈的说话兴趣，他们开始学习简单的、生活气息较强的单词句（即用一个词表达一个句子，如用"水"表达"我想喝水"）。在进行家长指导时，早教教师要让家长多和幼儿对话。例如，在开展"拿放玩具"的亲子活动时，早教教师要经常提醒家长多问问幼儿"你在做什么""你想拿什么""把玩具放到哪里"等。

具体来说，家长指导应注意以下4个方面：① 尽量每个步骤都提醒并指导家长引导幼儿开口说话；② 指导家长使用简单的、幼儿能够听懂的语言与其交流；③ 提示家长把握好说话时的语速；④ 提醒家长重复说某个字或词。

教学评析

亲子活动——我说你拿

最近，某早教机构的陈老师结合13～18个月幼儿的日常生活，以"使幼儿认识水果名称，理解简单的指令"为活动目标，设计了"我说你拿"这一亲子活动。陈老师认为这一活动能够让家长学会教幼儿认识水果名称的方法，掌握帮助幼儿理解指令的技巧。于是，陈老师决定在近期的亲子活动课上带领家长和孩子开展该活动。

活动前一天，陈老师准备了音乐（《水果歌》），以及苹果、葡萄和香蕉等水果。活动当天，陈老师带领4个家庭一起开展活动。陈老师先组织家长带着孩子坐好，然后播放音乐《水果歌》，带领家长和幼儿做热身运动，活动现场的氛围十分欢快。

> **水果歌**
>
> 苹果圆，苹果大，红红的苹果味道美
> 苹果苹果，甜甜的苹果我爱吃
> 葡萄紫，葡萄青，纯纯的葡萄味道美
> 葡萄葡萄，酸酸的葡萄我爱吃
> 香蕉香，香蕉甜，弯弯的香蕉味道美
> 香蕉香蕉，软软的香蕉我爱吃
> 红苹果、紫葡萄、弯弯的香蕉我爱吃

热身运动结束后，陈老师指导家长教幼儿认识准备好的水果。陈老师提醒家长，这一步骤要反复练习，待幼儿能够记住水果名称后再进行下一环节。同时，陈老师告诉家长，在训练过程中，要多重复水果名称，以加深幼儿的印象。

　　3分钟后，陈老师发现一名叫盈盈的幼儿已经能够记住水果名称了。陈老师便让盈盈妈妈带着盈盈进入"按指令拿水果"环节。陈老师先向盈盈妈妈解释了这一环节的玩法——家长说水果名称，幼儿拿取相应的水果。然后，陈老师提醒盈盈妈妈在这一环节要多和盈盈对话。盈盈妈妈按照陈老师的要求和盈盈继续开展活动，陈老师在旁边进行指导。当发现盈盈拿错水果时，陈老师让盈盈妈妈先纠正盈盈，然后再让盈盈按照指令拿水果，循环往复，直到盈盈拿对水果为止；当盈盈能够按照指令正确拿取水果时，陈老师让盈盈妈妈立刻赞美盈盈。

　　接下来，陈老师又用相同的方法指导另外3位家长训练幼儿按指令拿水果。在训练过程中，陈老师发现15个月的灵灵练习了两次后注意力就被旁边的图画书吸引了。灵灵一直扭头盯着图画书看，不愿意配合妈妈继续开展活动。于是，陈老师告诉灵灵妈妈，遇到这种情况，可通过语言询问或观察表情的方式引导灵灵表达自我需求。灵灵妈妈按照陈老师的建议，询问灵灵："灵灵，你是不是不想拿水果了？是不是想看图画书了？"灵灵看看妈妈，然后指着图画书封面上的小猫说："猫、猫。"于是，陈老师让灵灵妈妈先结束活动，带着灵灵去看图画书了。

　　又过了几分钟，灵灵看完图画书回来了，陈老师看时间差不多了，就宣布"我说你拿"的活动结束。在开始下一个亲子活动前，陈老师告诉4位家长，"我说你拿"这一亲子活动在家庭中也可以经常开展，可以让幼儿根据指令拿玩具或日用品等。

评价与分析：

　　在"我说你拿"亲子活动中，陈老师的家长指导内容较科学、实用。

　　首先，能够指导家长以协助者的角色和幼儿开展活动。当发现幼儿拿错水果时，陈老师指导家长教幼儿重新认识水果——让家长先纠正幼儿的错误，再让幼儿按照指令拿水果，循环往复，直到幼儿拿对水果为止。

　　其次，重视幼儿语言的发展。陈老师在活动中一直提醒家长多与幼儿对话。

　　最后，指导家长正确引导幼儿表达自我需求。陈老师发现灵灵不愿意继续开展"我说你拿"这一亲子活动时，指导灵灵妈妈引导灵灵说出自己的需求。

三、13～18个月幼儿亲子活动的设计与指导实例

（一）"送玩具回家"亲子活动

　　"送玩具回家"是为13～18个月幼儿设计的动作活动，其具体的内容与评析如表5-3所示。

表 5-3 "送玩具回家"亲子活动

项目	具体内容	活动设计与指导点评
适宜月龄	13～18 个月	
活动目标	让幼儿自如地完成独自蹲起、持物走等动作，增强其下肢肌肉的力量，促进其四肢动作的协调发展	幼儿 1 岁以后，应逐渐加强其自如地变换爬、走、站、蹲等动作的训练，以促进其粗大动作的发展。该活动着重培养幼儿独自蹲起和持物走的能力，活动目标的制定较合理
家长指导目标	（1）掌握教幼儿独自蹲起、持物走的方法。 （2）能够正确评估幼儿的动作发展水平	家长指导目标突出了对方法论和动作发展水平知识的指导，能够帮助家长学习育儿方法和育儿知识，因此，该家长指导目标较为合理
活动准备	3 种不同类型的玩具，如积木、触觉球、小熊玩具；3 个与各类玩具对应的玩具整理箱（箱子上贴着所要盛放的玩具图片）	活动材料丰富、有趣，能够提高幼儿参与活动的积极性，有助于亲子活动的开展
活动过程	（1）教师将不同的玩具散落在地上，然后扮演不同的角色，变换语调对幼儿说："呜呜呜，呜呜呜，大家听一听是谁在哭？"家长询问幼儿："是谁在哭呀？" （2）教师回答："是我，我是××（玩具名称），我找不到家了！呜呜呜。" （3）家长以幼儿的口吻说："啊，是小玩具们找不到家了，你们的家在哪里？" （4）教师回答："我也不知道，但我们家门口都贴着我们的照片。" （5）教师指导家长对幼儿说："我们一起帮小玩具们找到自己的家吧，好不好？"同时，家长要引导幼儿说"好"。 （6）教师向家长和幼儿示范活动玩法：首先，蹲下捡起一个玩具；其次，拿着玩具找到贴着相应图片的整理箱；最后，打开整理箱的盖子，将玩具放进去。 （7）家长按照教师的示范引导幼儿完成蹲下捡起玩具、找到对应的整理箱、将玩具放入整理箱的全部动作。教师在旁边观察、指导	该活动的整个过程训练了让幼儿独自蹲下捡玩具、独自站起、拿着玩具走到指定区域等动作，符合 13～18 个月幼儿在粗大动作方面的发展需求。 此外，该活动融入了语言能力训练，符合 13～18 个月幼儿的语言发展需求
家长指导	（1）当幼儿找不到玩具的"家"时，家长可以提示幼儿从第一个整理箱开始观察、对比箱子上的图片；当幼儿将玩具放错整理箱时，家长应多用提问的方式来引导幼儿自主思考问题、回答问题，而不要直接指出幼儿的错误。 （2）家长可以提前打开整理箱的盖子，并将盖子轻轻地盖在整理箱上面，以保证幼儿能够自主打开盖子。	（1）该活动指导重视幼儿的语言发展，如指导家长用提问的方式引导幼儿说话。 （2）尊重幼儿的自我意识发展规律，能够指导家长引导幼儿表达自我需求。 （3）能够指导家长正确开展活动，如用提问的方式纠正幼儿的错误、协助幼儿打开整理箱的盖子等

续表

项目	具体内容	活动设计与指导点评
家长指导	（3）在活动中，如果出现幼儿对玩具不感兴趣、拿着玩具自行玩耍、不愿意将玩具送回整理箱、拿着玩具四处游走等情况，只要其不干扰其他幼儿开展活动，家长就不必强迫幼儿参与活动。家长可以顺势而为，和幼儿一起开展其感兴趣的亲子活动，如和幼儿一起玩他们感兴趣的玩具。同时，家长可以用语言询问幼儿"你想做什么""你在做什么"等，鼓励幼儿表达自我需求。 （4）在布置活动区环境时，除散落的玩具及整理箱外，环境中不能有其他行走障碍物，以免幼儿在捡玩具的过程中被绊倒	
迁移活动	在家中，可以利用幼儿常玩的玩具开展该活动	

（二）"正确指五官"亲子活动

"正确指五官"是为13~18个月幼儿设计的认知和语言活动，其具体的内容与评析如表5-4所示。

表5-4 "正确指五官"亲子活动

项目	具体内容	活动设计与指导点评
适宜月龄	13~18个月	
活动目标	（1）使幼儿认识自己的身体部位，并能够按照指令正确指出相应的身体部位，促进其语言理解能力的发展。 （2）加强幼儿与家长的交流，增进亲子感情	对13~18个月的幼儿来说，认识自己的身体部位、按照指令指出自己身体的相应部位是应达到的发展水平。 因此，该活动目标的制定十分合理
家长指导目标	（1）通过与幼儿的交流，了解幼儿的认知和语言发展水平。 （2）学会观察幼儿的行为，并根据其行为正确引导幼儿开展活动	
活动准备	五官图片（见图5-7）、儿歌《五官歌》、镜子 图5-7 五官图片	借助图片、音乐开展活动，趣味性较强，能够吸引幼儿参与亲子活动

项目	具体内容	活动设计与指导点评
活动过程	（1）教师拿出五官图片，依次教幼儿认识眉毛、眼睛、鼻子、嘴巴、耳朵等五官部位——教师一边说图片上五官的名称，一边用手指相应的五官。 （2）教师带领家长和幼儿一起唱《五官歌》。 （3）家长和幼儿面对面坐着，教师指导家长一边唱儿歌，一边指自己的五官。 歌词： 这是我的头，谢谢就点头； 这是我的眼睛，爱你亮晶晶； 这是我的鼻子，嗅出好味道； 这是我的嘴巴，对你笑哈哈； 这是我的耳朵，听你来唱歌； 这是我的下巴，靠近小嘴巴； 这是我的笑容，甜甜像糖果； 这是我的五官，请你要喜欢。 （4）教师指导家长通过照镜子教幼儿认识自己的五官。在这个过程中，家长可以引导幼儿用手指自己的五官。例如，家长可以指着镜子中幼儿的眼睛说"宝宝，这是你的眼睛"，然后让幼儿指出自己的眼睛。 （5）家长说指令，幼儿指五官。此步骤要反复进行。教师在旁边观察家长和幼儿的互动情况	该亲子活动重点在于教幼儿认识五官、指五官，能够有效促进幼儿的认知发展和语言发展。 此外，该活动利用五官图片和幼儿感兴趣的镜像游戏教幼儿认识五官，做到了寓教于乐
家长指导	（1）如果幼儿听到指令后，无法正确指出五官，家长要先纠正幼儿，告诉幼儿应该用手指哪里，然后再让幼儿指一次。 （2）在幼儿能够按照指令正确指认五官后，家长可以引导幼儿指认其他身体部位，如胳膊、腿等。 （3）在活动中，家长可以向幼儿渗透要保护好五官的意识。 （4）唱《五官歌》时，家长要能够用表情和动作与幼儿互动，激发幼儿参与活动的积极性	（1）在活动中，教师能够从方法论层面指导家长引导幼儿按照指令正确指出五官。 （2）该活动指导并没有局限于认识五官活动，还指导家长向幼儿渗透要保护好五官的意识。 （3）该活动指导对家长提出了具体的要求，如指导家长激发幼儿参与活动的积极性，这样能够帮助家长明确自身在亲子活动中的作用
迁移活动	在家庭中，家长还可以借鉴该活动的方法开展其他指认名称类的亲子活动	

模块二 19～24个月幼儿亲子活动的设计与指导

一、19～24个月幼儿亲子活动的设计思路

19～24个月的幼儿，各方面的能力进一步提升。具体来讲，这一时期，幼儿能够说简单的短句，能够和同伴玩游戏，能够理解更丰富的情绪和情感，所掌握的基本运动技能逐渐丰富。早教教师在设计亲子活动、指导家长开展亲子活动时，要考虑幼儿在各方面的发展特点和发展需求。具体来讲，早教教师可按照以下思路为19～24个月的幼儿设计亲子活动。

（一）制定活动目标

19～24个月的幼儿在动作、认知、语言和社会性等方面稳定地向前发展。在设计亲子活动时，早教教师应全面掌握19～24个月幼儿的发展特点，以及不同幼儿的实际发展需求，制定合理的活动目标。例如，方老师仔细研读《托育机构保育指导大纲（试行）》后，知道家长和早教教师应多为2岁左右的幼儿提供向上跳的机会，便以"学会向上跳"为目标，为19～24个月的幼儿设计了"宝宝会投篮"这一亲子活动。

表5-5是19～24个月的幼儿在动作、认知、语言和社会性4个方面的发展特点。早教教师在制定活动目标时，可以参考。

表5-5　19～24个月幼儿的发展特点

方面		发展特点
动作发展	粗大动作	（1）会踮着脚尖连续走路（3步以上）。 （2）会独自扶楼梯上楼（两步一级）。 （3）会跑。 （4）会扶物跳
	精细动作	（1）会一页页地翻书。 （2）会利用双手尝试做更为复杂的动作，如拿着线穿过较大的扣眼、穿过扣眼后拉线、模仿拉拉链、拉门把手等。 （3）会用手掌握笔，并在纸上留下横七竖八的线条。 （4）会自己用勺子吃饭。 （5）会自己穿简单的衣物，如袜子。 （6）能堆起7～8块积木

续表

方面	发展特点
认知发展	（1）出现想象的萌芽，如在亲子游戏中会利用想象自创一些简单的情节。 （2）出现思维的萌芽，能够通过感知到的信息进一步思考周围的人、事、物，如看到年龄较长的女性，会想起自己的奶奶（因为年龄相仿，且都是女性面孔）。 （3）自我意识处于自我认识阶段，能够意识到自己是一个独立的个体，且对自己的外表有一定的认识，如知道自己是长头发。 （4）遇到困难时，会通过试错的方式寻找解决办法。 （5）开始学习按照形状和颜色排列东西。 （6）会指认书中的插图
语言发展	（1）可以重复从对话中听到的词。 （2）会说 3～5 个字的句子，但表达不完整且不规范。 （3）能说出常见物的用途
社会性发展	（1）喜欢帮成人做事。 （2）逐渐喜欢和同伴，尤其是比自己大的同伴一起玩耍，如跟着他们跑来跑去。 （3）会向他人打招呼。 （4）喜欢问他人"这是什么"。 （5）物权观念强，如不愿意把自己的东西分享给同伴。 （6）初步理解简单的社会规则。 （7）能叫出熟悉的同伴的名字

（二）选择活动内容

1. 动作活动

19～24 个月的幼儿，已经能完成几乎所有基本的粗大动作和精细动作，但很多动作不够娴熟，如跑不稳、跳跃动作不灵活、双手控制能力不强、手指灵活度不高等。因此，在为 19～24 个月的幼儿选择动作类亲子活动内容时，早教教师要重点考虑活动内容是否能够促进幼儿的各项动作水平稳定发展。

就粗大动作类亲子活动内容而言，应在前期基础上增加训练难度，进一步训练幼儿跑、跳、快走的动作，如让幼儿练习走低矮的平衡木、模仿小动物走路等。就精细动作类亲子活动内容而言，应重点培养幼儿熟练使用工具的能力，以提高幼儿的双手控制能力和手指灵活度，如用勺子舀食物（见图 5-8）、用笔涂鸦（见图 5-9）、用儿童剪刀剪纸等。

图5-8　用勺子舀食物

图5-9　用笔涂鸦

课堂互动

　　某早教机构正在筹备一场亲子运动会，该机构的蔺老师为19～24个月的幼儿设计了名为"森林运动会"的亲子活动。

"森林运动会"亲子活动方案

　　适宜月龄： 19～24个月。

　　活动时间： 30分钟。

　　活动目标： ① 强化幼儿快走的动作；② 使幼儿学会快步跑、灵活跳的动作。

　　家长指导目标： ① 了解19～24个月幼儿粗大动作的发展特点；② 掌握对幼儿的走、跑、跳等动作进行强化训练的方法。

　　活动准备： 若干份小鸭子、小鸽子、小兔子的头饰。

　　活动过程：

　　（1）教师拿出动物头饰对幼儿们说："宝宝们，今天的森林运动会真热闹，来了许多小动物，我们看看都有谁吧？"

　　（2）教师给每位家长分发小动物头饰，指导家长教幼儿认识3种动物。

　　（3）在幼儿认识3种动物后，教师对幼儿们说："宝宝们，我们学一学动物们走路吧，我们先从小鸭子走路开始。"然后，教师戴上小鸭子头饰，并模仿小鸭子走路。

　　（4）教师让家长帮助幼儿戴上小鸭子头饰，并指导家长与幼儿对话。对话结束后，教师指导家长引导幼儿模仿小鸭子走路。家长可以自己也戴上小鸭子头饰，和幼儿一起模仿小鸭子走路；也可以用语言引导幼儿模仿小鸭子走路。

　　（5）在幼儿们都学会模仿小鸭子走路后，教师组织所有幼儿进行快走比赛，看看哪位幼儿走得又快又稳。

　　（6）教师请家长用同样的方式引导幼儿模仿小鸽子跑（双臂平举着向前跑）、小兔子跳。在幼儿们都学会跑和跳的动作后，教师组织所有幼儿依次进行快跑比赛和跳高比赛，看看哪位幼儿跑得快、跳得高。

　　想一想： 请同学们认真阅读该方案，找出"森林运动会"亲子活动方案的不合理之处，并说明不合理的原因，提出具体的修改意见。

2. 认知活动

19～24 个月的幼儿已经出现想象和思维的萌芽，能够借助感知和动作开展简单的推理活动。早教教师可以利用幼儿的这一发展特点，设计一些能够促进幼儿想象能力和思维能力发展的认知活动。

19～24 个月幼儿可开展的认知活动主要包括以下 3 类：① 联想类，即让幼儿对着一个物品的实物或图片，想象另一个相似物品的样子；② 认识物品特点类，即让幼儿通过亲身感知来认识物品的大小、轻重、形状、颜色等；③ 阅读类，即借助亲子阅读活动提升幼儿的认知能力，如看图讲故事、指认图画书中的物品等。

3. 语言活动

19～24 个月的幼儿正处于语言表达能力发展的关键期。无论选择哪种活动，在开展活动的过程中都需要多和幼儿对话，这样既能激发幼儿的表达欲望，也能够增加幼儿的词汇量。

因此，早教教师在设计各类亲子活动时，应多设计需要家长和幼儿不断对话的活动环节。例如，在开展"这是什么"的亲子活动时，家长需要不停地问幼儿"你拿的是什么"，幼儿也会不停地回答问题。所以，这个活动不仅是认知活动，也同样是语言活动。

这是什么

最近，快 2 岁的条条好奇心变得很强，经常指着一个物品问他人"这是什么"。白老师（条条的家庭指导教师）了解到这一情况后，专门为条条及其家长设计了名为"这是什么"的亲子活动。白老师希望通过这一活动，能够让条条知道并开口说出常见物品的名称和用途，增加其词汇量。同时，白老师也想借助这一活动让条条妈妈掌握增加条条词汇量的技巧，学会教条条认识物品的方法。

入户指导前一天，白老师让条条妈妈准备了以下物品：一顶帽子、一个水杯、一双筷子、一双袜子、一辆玩具消防车。入户指导当天，白老师准时来到条条家，先向条条妈妈了解了条条最近的情况，然后就开始了亲子活动。

首先，白老师让条条妈妈带着条条在地垫上坐好。然后，白老师将准备好的物品摆放在条条面前。接着，白老师请条条妈妈教条条认识物品——条条妈妈拿起水杯，问条条："这是什么呀？"条条回答正确后，条条妈妈继续问："它可以用来做什么呀？"这个问题条条答不上来了，有点着急。条条妈妈正准备告诉他答案，白老师制止了条条妈妈，提示条条妈妈做喝水的动作。看到妈妈的动作，条条高兴地回答："水！水！"条条妈妈微笑着说："对，喝水。"条条一边模仿妈妈做喝水的动作，一边说着"喝水，喝水"，显得开心极了。

条条妈妈按照白老师的指导继续和条条互动，在教条条认识筷子时，白老师观察到条条对筷子一点儿也不熟悉。条条不知道"筷子"的名称，更不知道"筷子"的用途。因此，无论条条妈妈怎么引导，条条都不知道如何回答。白老师告诉条条妈妈，因为条条还没有学习使用筷子，所以不认识筷子也是正常的，遇到这种情况，不要着急，也不要强迫条条一次性认识活动中的所有物品，循序渐进即可。所以，白老师建议今天先不教条条认识筷子了。

　　认识完物品名称及用途后，白老师请条条妈妈用恰当的语言对条条下指令，让条条按照指令拿相应的物品。这一环节开始前，白老师告诉条条妈妈，条条每拿起一种物品，都要问他"你拿的是什么""它可以用来做什么"。如果条条拿错了物品，可以先和条条说"条条，你拿的是××，是用来××的（一边说一边做相应的动作）"，然后拿起正确的物品和条条说"这个才是××，是用来××的（一边说一边做相应的动作）"。

　　接下来，条条妈妈按照白老师的指导继续和条条互动。白老师在旁边观察他们的互动情况。在指认消防车时，条条总是忘记消防车的功能，连续说错3次后，条条妈妈和条条开玩笑："哈哈，条条真笨啊。"白老师立刻制止条条妈妈："条条现在已经能够听懂大人说的话了，这样说可能会伤害条条。而且，条条很少玩玩具消防车，不熟悉其名称和用途是正常的，多训练几次就好了。"条条妈妈意识到自己的错误后，马上摸了摸条条的头，微笑着向其道歉。

　　活动开展了约10分钟后，条条的注意力已经不集中了，开始东张西望。在看到爸爸后，条条立刻站起来走开了，要和爸爸一起玩。白老师便让条条妈妈结束了"这是什么"的亲子活动。在条条和爸爸玩耍时，白老师对条条妈妈说："以后可以经常带着条条开展这个活动，活动材料可以变换。在开展活动时，还可以把物品放在远处，让条条按照指令，走着或跑着去远处拿相应的物品，以锻炼条条走和跑的动作。"

　　活动设计评价： 该活动内容以语言活动为主（活动中不停地与幼儿对话），同时加入认知活动的内容（引导幼儿认识物品名称和用途），不仅能够促进幼儿的语言发展，还能提升幼儿的认知能力。

看看想想

　　请扫一扫右图的二维码，观看某幼儿园教师开展的亲子活动"这是什么"。请思考：该亲子活动与上述案例中亲子活动有何不同？视频中的早教教师哪些地方处理得较好，哪些地方还可以改进，为什么？

亲子活动——这是什么

4．社会性活动

19～24个月幼儿的同伴交往行为逐渐增多。早教教师可为幼儿选择合适的集体亲子活动，指导家长带领幼儿和同伴交往。例如，在"宝宝接力赛"的集体亲子活动中，幼儿需要先从一个同伴手中接过接力棒，然后再递给另一个同伴。在这个过程中，家长不仅要教会幼儿做"接"和"递"的动作，还要引导幼儿和同伴交流，如和同伴说"谢谢"，或者和同伴一起喊"加油"，等等。

（三）做好活动准备

1．创设活动环境

19～24个月幼儿亲子活动环境的创设重点在于为幼儿布置合适的活动区。

活动区的布置要根据亲子活动的内容确定。具体来说，开展粗大动作类的亲子活动时，要保证活动场地安全、开阔，不要有太多与活动无关的障碍物，要便于幼儿跑、走、跳等；阅读类的亲子活动适合在安静、明亮的室内开展，如果是集体亲子阅读活动，要注意人数不要太多，避免出现嘈杂、混乱的情况。开展其他类型的亲子活动时，早教教师根据实际需要布置即可。

2．准备活动材料

19～24个月幼儿可开展的亲子活动十分丰富，需要的活动材料也丰富多样。在实际操作过程中，早教教师可根据选择的活动内容准备相应的活动材料，具体包括以下几类：① 便于幼儿持物运动的材料，此类材料不宜太大、太沉，避免出现幼儿抬不动或拿不起来的情况；② 便于幼儿开展指认类活动的材料，如形状、大小、颜色各异的同类物品；③ 能够提高幼儿动手能力的各种材料，如手工艺品的零件、拼图、积木等；④ 发声玩具，如点读机。

此外，19～24个月幼儿可参加的集体亲子活动较多，因此，早教教师要为幼儿准备足够数量的同类活动材料，避免出现争抢的情况。

3．设计活动过程

19～24个月幼儿亲子活动的设计，应注重亲子活动对幼儿各方面能力稳定发展的促进作用。因此，在设计活动过程时，早教教师要注意为幼儿提供反复训练的机会。例如，在设计"打招呼"这一亲子活动的过程时，早教教师先指导家长教幼儿和祖辈打招呼（如引导幼儿朝爷爷、奶奶挥手，说"你好"），再指导家长教幼儿和父辈打招呼（如引导幼儿朝叔叔、阿姨挥手），最后指导家长教幼儿和同龄人打招呼。因此，在"打招呼"这个亲子活动中，有3个环节都是在帮助幼儿练习打招呼的方法。

应注意的是，19～24个月的幼儿自我意识较强，在开展亲子活动时，如果幼儿不愿意按照早教教师设计的活动过程开展活动，那么，早教教师要根据幼儿的意愿灵活调整活动过程。

夹彩色花

某早教机构在周末组织了一场面向19～24个月幼儿家庭的半日亲子活动。本次活动由方老师负责组织。

根据孩子们的实际需求，方老师设计了名为"夹彩色花"的亲子活动。活动目标是使幼儿学会用夹子夹东西。同时，方老师希望通过该活动，幼儿家长能够学会教幼儿使用夹子的方法。活动前，方老师准备了以下活动材料——若干包彩色花瓣、若干个小碗、若干个木夹子（见图5-10）。

图5-10　木夹子

活动当天，在热身运动结束后，方老师先给每个家庭分发了一包彩色花瓣、一个小碗、两个木夹子。然后，方老师拿着彩色花瓣对幼儿们说："宝宝们，我们用小夹子把自己喜欢的花瓣夹到小碗里，好不好？"方老师说完，在场的家长纷纷引导孩子回应方老师。

接着，方老师向幼儿和家长示范使用夹子夹花瓣的方法：首先，右手拿起一个木夹子，用拇指、食指和中指捏住木夹子上部，并用力按压，使木夹子下方的"嘴巴"张开；其次，左手拿起一瓣花，将其放在木夹子张开的"嘴巴"处，然后稍微松开右手三指，这样木夹子就把花瓣夹住了；最后，将夹子移到小碗上方，再用力按压木夹子上部，使木夹子的"嘴巴"再次张开，花瓣掉落进小碗里。

示范完动作后，方老师向家长讲解了活动观察要点和注意事项：① 观察幼儿是否会用三指捏物；② 观察幼儿的双手配合能力；③ 注意保护幼儿，防止其手指被夹子夹伤；④ 反复让幼儿练习用夹子夹物。

接下来，方老师指导所有家长和幼儿自由练习夹花瓣。在这一环节中，方老师密切关注每个家庭的活动情况，记录每个幼儿的练习情况。约 5 分钟后，有个叫然然的幼儿把夹子扔在地上，用手抓起一把花瓣向上扔，一边扔一边笑。然然爸爸很生气，立刻斥责然然："全场就你不听话，不仅不好好夹花瓣，还破坏环境卫生。"然然发现爸爸生气后，立刻大哭起来。方老师马上走过来，她先让然然爸爸冷静下来，然后问然然："然然，你是不是不想夹花瓣呀？"然然停止哭泣并点点头。方老师对然然爸爸说："然然这个年龄段的孩子自我意识较强，有自己的想法是正常的，家长尽量满足其需求即可。"说完，方老师请然然爸爸带着然然去旁边玩耍，并请然然爸爸安慰然然，让其恢复正常的情绪。

几分钟后，然然在爸爸的安慰下，已经忘记了刚才的不愉快，重新加入夹花瓣的活动中。又过了几分钟，方老师看时间差不多了，便宣布结束"夹彩色花"活动。该活动结束后，方老师告诉家长："这个活动过程简单、取材方便，可迁移性强，回家后，可以借助这个活动教孩子夹其他物品，以强化孩子用夹子夹物的能力；还可以借助这个活动教孩子认识物品的颜色、形状、大小、轻重等，如让孩子按照指令夹不同颜色的物品。"随后，方老师让家长带着孩子为下一个亲子活动做准备。

半日亲子活动很快就在家长和孩子的欢声笑语中结束了。在告别环节，方老师特意告诉然然爸爸，家长的情绪会影响孩子的情绪，因此，家长要学会控制自己的情绪，不要随意发脾气。此外，然然并不知道在公共场合乱撒花瓣的行为是不对的，遇到这种情况，家长不能情绪激动地斥责他们，而应耐心地纠正他们的行为，让他们理解自己的行为是不恰当的。

活动设计评价： 首先，该活动的活动材料较为常见，可替代性强，便于展开迁移训练；其次，该活动为幼儿设计了反复练习用夹子夹物的环节，能够使幼儿熟练掌握用夹子夹物的技能；最后，方老师能够根据幼儿的意愿灵活调整活动过程，尊重幼儿的意愿，并及时纠正家长不当的育儿行为。

看看想想

请扫一扫右图的二维码，观看某幼儿园教师开展的亲子活动"夹彩色花"。请思考：该亲子活动与上述案例中亲子活动有何不同？视频中的早教教师哪些地方处理得较好，哪些地方还可以改进，为什么？

亲子活动——夹彩色花

二、19～24 个月幼儿亲子活动的指导要点

（一）指导家长观察、尊重幼儿的意愿

19～24 个月的幼儿自我意识进一步发展，他们喜欢按照自己的想法行动，即便做得不好，也乐此不疲。在开展亲子活动时，如果幼儿不愿意按照早教教师和家长的要求行动，早教教师要指导家长观察幼儿的实际意愿，鼓励幼儿自主探索。如果发现家长有强迫幼儿参与活动的情况，早教教师应及时纠正家长的行为，并告诉家长正确的做法。

例如，在"搭高楼"亲子活动中，22 个月的泡泡不愿意向上摞积木块，而是横着排列积木块。泡泡妈妈发现后，立刻询问泡泡在干什么，泡泡说"开火车"。泡泡妈妈要求泡泡和其他小朋友一起玩用积木搭高楼的游戏，但泡泡不愿意。这时，江老师走过来告诉泡泡妈妈，泡泡有自己的想法是一件好事，不需要强迫泡泡和他人一样。

（二）指导家长学会观察、总结、利用幼儿的兴趣点

一岁半以后，幼儿的兴趣越来越多样，对于其感兴趣的事物，幼儿会有明显的反应。早教教师应指导家长细心地观察幼儿的行为，总结幼儿的兴趣点，并指导家长从幼儿的兴趣点出发，与其开展亲子活动。

（三）综合运用现场指导和场外指导方法

19～24 个月幼儿的家长会经常带着幼儿参加集体亲子活动。在现场指导时，早教教师既要观察、总结不同幼儿家长存在的普遍性问题，又要观察、总结、记录不同家长的特殊性问题。发现问题后，早教教师既可以在现场帮助家长解决问题，也可以在活动后利用丰富的场外指导方法对家长进行指导。

 教学评析

亲子阅读——书里面有什么

"世界读书日"当天，陈老师指导来上早教课的 19～24 个月的幼儿及其家长开展了亲子阅读活动——"书里面有什么"，帮助幼儿培养良好的阅读习惯，使家长掌握亲子阅读的方法。

活动开始前，陈老师带领 3 个家庭走进阅读室。3 位幼儿一走进阅读室就开始在小书架上翻来翻去。陈老师让 3 位家长和幼儿一起选一本他们喜欢的书。在选书时，一一对诺诺手里的《大卫，不可以》感到很好奇，便走过去想抢诺诺的书。一一妈妈马上生气地说："这么多书你不看，非抢别人的，来，我们看《小熊宝宝》。"一一被妈妈批评后，咧了咧嘴想哭。陈老师立刻拿了一本新的《大卫，不可以》走到一一身边说："一一，是诺诺先拿到的《大卫，不可以》，不可以抢别人的书哦，老师这里还有一本，你先看吧。"然后，陈老师让一一妈妈把一一抱起来，安慰一一，并告诉一一妈妈："虽然幼儿在 2 岁前能够理解并遵守简单的社会规则，如不能抢别人的东西、要有礼貌等，但这依赖于家长的耐心教导，幼儿不可能自己学会这些社会规则。另外，尊重幼儿的阅读意愿也很重要。"

待所有幼儿选好书后，陈老师请家长带领幼儿坐好，并提醒家长要告诉幼儿应该坐着看书。同时，陈老师还告诉家长，如果幼儿在阅读时出现拍书、撕书、用力扔书、倒着看书等不良阅读行为，要明确告知幼儿他们的做法是错误的。

接下来，陈老师让家长指着封面上的书名对幼儿说："宝宝，这本书叫×××，你跟妈妈（或其他照料者的称呼）一起念。"在家长教幼儿念书名时，陈老师在旁边指导家长的发音、语调、语速，以便幼儿更好地模仿。

念完书名，陈老师指导家长教幼儿翻书，并让家长告诉幼儿书应该一页一页地翻。然后，陈老师指导家长与幼儿一起阅读，要求家长不要单方面为幼儿读书，要引导幼儿说出书中的物品名称，或者引导幼儿用自己的语言描述书中的内容，以培养幼儿的语言表达能力。同时，陈老师提醒家长，19～24个月的幼儿在阅读时，喜欢不停地指着书中的图片问"这是什么"，对此，家长要耐心、积极地回应幼儿的每一次提问。

5分钟后，诺诺开始东张西望，诺诺妈妈让诺诺低头看书，诺诺看了一页后又开始左顾右盼。诺诺妈妈询问陈老师，诺诺的注意力是不是太不集中了。陈老师告诉诺诺妈妈，3岁前，幼儿的注意力很难持久地集中在某个对象上，不超过5分钟也是正常的，如果发现诺诺实在不愿意继续阅读，也不要强迫她。说话间，诺诺已经跑开了。陈老师提醒诺诺妈妈，可以让诺诺先把书放回原处再去玩，帮助其养成良好的阅读习惯。

这时，另外两位幼儿也不愿意继续阅读了。陈老师看到后，先指导家长协助幼儿将书放回原处，然后告诉各位家长："良好的阅读习惯需要长期培养，回到家后，可以根据幼儿的兴趣，为其选择相关的图书，每天在特定的时间开展一次亲子阅读活动。"随后，陈老师便带着家长和幼儿继续开展下一个亲子活动了。

在所有亲子活动结束后，陈老师对一天的亲子活动开展情况进行了回顾与分析。分析后，陈老师认为有必要指导——妈妈向——传授简单的社会规则。随后，陈老师编写了一份指导要点，通过社交软件发给了——妈妈。

评价与分析：

在"书里面有什么"亲子活动中，陈老师对家长的指导较全面、科学，且针对性强。

首先，能够指导家长观察、尊重幼儿的意愿。在选书环节，陈老师指导家长协助幼儿选自己想看的书，并没有直接为幼儿指定图书。此外，陈老师还告诉——妈妈要尊重——的阅读意愿。

其次，能够综合运用现场指导和场外指导的方法指导家长向幼儿传授简单的社会规则。在活动现场，陈老师发现——抢诺诺的书时，及时化解了两位幼儿的矛盾，并告诉——妈妈在教——遵守社会规则时要有耐心，方法要正确。在活动之外，陈老师通过社交软件告诉——妈妈应如何向幼儿传授简单的社会规则。

最后，能够指导家长根据幼儿的兴趣点开展阅读活动，即建议家长回到家后，根据幼儿的兴趣，为其选择相关的图书，每天在特定的时间开展一次亲子阅读活动。

三、19～24个月幼儿亲子活动的设计与指导实例

表5-6是为19～24个月幼儿设计的集体亲子活动，包括具体内容与评析。

表5-6 19～24个月幼儿半日亲子活动

活动序号	亲子活动		活动设计与指导点评
一	活动名称	互相问好	首先，该半日亲子活动设计体现了适宜性原则、整体性原则、适度性原则、指导性原则、生活性原则和延伸性原则。 （1）体现适宜性原则。能够根据19～24个月幼儿的发展特点制定活动目标，并选择合适的活动内容，如以训练幼儿踮脚为主要内容的活动，符合该年龄段幼儿的动作发展特点。 （2）体现整体性原则。活动形式比较丰富，包括动作活动（如"小手小脚"）、认知活动（如"摘水果"）、语言活动（如"互相问好"）、社会性活动（如"开火车"）等，可促进幼儿的全面发展。 （3）体现适度性原则。每个活动之间的衔接较为恰当，动静结合、劳逸结合，如在运动后进入休息时间。 （4）体现指导性原则。能够从活动开展方法、开展活动时的注意事项、活动延伸等方面指导家长。
	活动目标	使幼儿学会和他人打招呼的方法，掌握基本的社会交往礼仪	
	家长指导目标	学会教幼儿和他人打招呼的方法	
	活动准备	一首轻音乐	
	活动过程	（1）教师播放轻音乐，家长带着幼儿伴随音乐走进活动区，教师先和幼儿打招呼（微笑、挥手、说"××好"等）。 （2）家长引导幼儿回应教师。教师应在语言和动作方面对家长进行指导	
	家长指导	（1）在日常生活中，家长应多让幼儿和他人打招呼，使幼儿养成习惯。 （2）在幼儿向他人打招呼时，家长要引导幼儿微笑。 （3）和陌生人打招呼时，幼儿会感到害怕，此时，家长要及时安抚幼儿的情绪	
二	活动名称	滚皮球	
	活动目标	（1）让幼儿知道自己的名字。 （2）让幼儿学会和他人用语言交流	
	家长指导目标	学会教幼儿进行自我介绍的方法	
	活动准备	一首轻音乐、一只皮球	
	活动过程	（1）教师播放轻音乐，然后指导所有家长带着幼儿面向教师席地而坐，并围成一个弧形。幼儿坐在家长的前方，教师盘腿坐在家长和幼儿的对面。 （2）教师面带微笑地进行自我介绍："各位宝宝好，我是××老师，欢迎你们。"教师说完后，家长引导幼儿鼓掌。 （3）教师滚动皮球，皮球滚到哪位幼儿身边，就由哪位幼儿说出自己的名字	

续表

活动序号		亲子活动	活动设计与指导点评
二	家长指导	（1）19～24个月幼儿应能够说出自己的名字，家长要多为幼儿提供介绍自己名字的机会。 （2）在幼儿介绍自己的名字时，家长要及时纠正幼儿不正确的发音，并让幼儿反复练习，帮助幼儿正确地说出自己的名字。 （3）在开展活动的过程中，如果幼儿想把皮球占为己有，家长要及时告诉幼儿不能拿他人的皮球，引导幼儿遵守相应的活动规则	（5）体现生活性原则。休息时间主要开展生活类的亲子活动，如让幼儿学习自己洗手。 （6）体现延伸性原则。教师能够指导家长学会使亲子活动向家庭迁移，如在"开火车"活动中，教师指导家长如何在家中开展这一活动。
三	活动名称	小手小脚	其次，该半日亲子活动的指导内容符合19～24个月幼儿的家长指导要点。
	活动目标	（1）使幼儿学会拍手、向上举手、双手抱在胸前、转动双手、把双手藏在身后、原地踏步、向上踮脚、向前踢、向上跳等动作。 （2）使幼儿学会根据语言指令做相应的动作	（1）指导家长尊重幼儿的意愿，如在"开火车"活动中，教师告诉家长，如果幼儿不愿意参与活动，可以先在旁边观看，或者做他们自己喜欢的事情。
	家长指导目标	学会教幼儿连续做多个动作的方法	
	活动准备	（1）早教音乐——《小手小脚》。 （2）两位教师。 歌词： 小手小手拍拍，我的小手举起来。 小手小手拍拍，我的小手抱起来。 小手小手拍拍，我的小手转起来。 小手小手拍拍，我的小手藏起来。 小脚小脚踏踏，我的小脚踏起来。 小脚小脚踏踏，我的小脚踮起来。 小脚小脚踏踏，我的小脚踢起来。 小脚小脚踏踏，我的小脚跳起来，跳起来	（2）指导家长向幼儿传授简单的社会规则，如指导家长教育幼儿不要拿他人的皮球。 （3）能够综合运用现场指导和场外指导方法对家长进行指导。在活动现场，教师指导所有家长和幼儿开展活动。在道别时，教师和个别家长约定指导时间和方式，对幼儿的特殊情况进行单独指导。
	活动过程	（1）教师向家长示范活动中需要做的基本动作，包括拍手、向上举手、双手抱在胸前、转动双手、把双手藏在身后、原地踏步、向上踮脚、向前踢、向上跳。 （2）教师指导家长带领幼儿练习以上动作。 （3）一位教师播放音乐，并跟随音乐做相应的动作。另一位教师指导家长和幼儿一起跟随音乐做相应的动作	最后，该半日亲子活动的设计十分重视音乐的作用，多个活动加入了早教音乐，营造了欢快轻松的活动氛围

续表

活动序号	亲子活动		活动设计与指导点评
三	家长指导	（1）家长要仔细观察幼儿能否做好各项动作，如果发现幼儿某项动作做得不好，可以让其在活动结束后进行强化训练。 （2）家长要时刻关注幼儿的安全。 （3）如果幼儿的动作不熟练，家长可以先带着幼儿做拍手、向上举手、双手抱在胸前、转动双手、把双手藏在身后等手部动作，然后再带其做原地踏步、向上踮脚、向前踢、向上跳等脚部动作。待幼儿熟练掌握所有动作后，家长再和幼儿一起做完整的动作。 （4）19～24个月的幼儿只会扶物跳，因此，在做"向上跳"这一动作时，家长可拉着幼儿的双手，协助其向上跳	
四	活动名称	开火车	
	活动目标	（1）培养幼儿与同伴交往的能力。 （2）拓宽幼儿的社会交往范围。 （3）使幼儿体验集体活动的乐趣	
	家长指导目标	掌握引导幼儿与同伴交往的方法	
	活动准备	（1）布置火车站台。 （2）两位教师。 （3）早教音乐——《开火车》。 歌词： 轰隆隆隆，轰隆隆隆，我们开火车。 轰隆隆隆，轰隆隆隆，火车长又长。 轰隆隆隆，轰隆隆隆，火车开得远。 轰隆隆隆，轰隆隆隆，火车到站了。 轰隆隆隆，轰隆隆隆，我们开火车。 轰隆隆隆，轰隆隆隆，火车长又长。 轰隆隆隆，轰隆隆隆，火车开得远。 轰隆隆隆，轰隆隆隆，火车到站了。 轰隆隆隆，轰隆隆隆，我们开火车。 轰隆隆隆，轰隆隆隆，火车长又长。 轰隆隆隆，轰隆隆隆，火车开得远。 轰隆隆隆，轰隆隆隆，火车到站了。 轰隆隆隆，轰隆隆隆，火车到站了	

活动序号		亲子活动	活动设计与指导点评
四	活动过程	（1）所有人站在站台处，一位教师站在最前面充当火车头，一名幼儿站在该教师身后并抓着教师的衣服，其余幼儿排队站在该名幼儿身后，后一名幼儿要抓着前一名幼儿的衣服，如图5-11所示。另一位教师指导家长站在自己孩子的旁边，和幼儿一起开展活动。 图 5-11　"开火车" （2）教师播放早教音乐。充当火车头的教师跟着音乐节奏向前"开火车"，另一位教师指导家长保护幼儿安全。 （3）"火车"到站后，教师指导家长引导幼儿和同伴交流，如和同伴拥抱，或者和同伴说"到站啦"，等等	
	家长指导	（1）家长要仔细观察幼儿与同伴交往时的情绪，积极引导幼儿与同伴交往。 （2）家长应向幼儿讲解活动规则，告诉幼儿火车不到站不能自己走开，引导幼儿完成集体活动。 （3）如果幼儿不愿意参与活动，家长可以先让幼儿在旁边观看，或者做他们自己喜欢的事情。等他们对活动产生好奇后，再询问幼儿是否想参与活动。 （4）在家庭中，可以全家人手拉手，一起开展该活动	
五	休息时间	开展各种生活类亲子活动。 首先，教师要指导家长引导幼儿表达自己的需求，主要包括如厕需求、喝水需求、吃点心需求等。 其次，教师要指导家长教幼儿学会独自洗手、喝水、自己拿点心吃等	

活动序号	亲子活动		活动设计与指导点评
六	活动名称	摘水果	
	活动目标	让幼儿学会踮脚的动作	
	家长指导目标	（1）掌握教幼儿踮脚的方法。 （2）学会教幼儿独自处理困难问题的方法	
	活动准备	挂满布艺水果的假树（比幼儿略高，确保幼儿踮脚时可以摘到水果）、水果篮	
	活动过程	（1）认识水果。教师询问幼儿："各位宝宝，这棵树上都有什么水果呀？"然后教师指导家长教幼儿认识树上的水果。 （2）摘水果。教师给每个家庭分发一个水果篮，并对幼儿们说："我们一起摘水果吧。"然后教师指导家长教幼儿踮起脚尖摘水果。 （3）介绍水果。教师请家长询问幼儿摘了哪些水果，引导幼儿介绍自己所摘的水果	
	家长指导	（1）家长要认真观察幼儿是否需要帮助，如果发现幼儿需要帮助，不要直接抱着幼儿摘水果，或者直接代替幼儿摘水果，要鼓励幼儿通过踮脚的方式自己摘水果。 （2）在幼儿摘到水果后，家长要及时为幼儿鼓掌，并询问幼儿"可以把水果放在哪里呀？"，引导幼儿说出"水果篮"。 （3）在活动中，如果发现幼儿因摘不到水果而发脾气或想放弃活动，首先，家长要询问幼儿是不是不开心，引导幼儿表达自己的情绪；其次，家长要用积极的语言鼓励幼儿，为幼儿加油打气	
七	活动名称	搭高楼	
	活动目标	（1）使幼儿认识物品的颜色。 （2）使幼儿认识简单的形状。 （3）提高幼儿的语言交流能力	
	家长指导目标	了解幼儿对颜色和形状的认知发展规律	
	活动准备	各种大小、颜色和形状不一的积木块；几张用积木搭的高楼的图片	
	活动过程	（1）教师拿起图片，并询问幼儿："宝宝们，我们一起搭高楼好不好？"家长引导幼儿回应教师。 （2）教师指导家长和幼儿一起用积木搭高楼。在幼儿搭高楼时，家长要不停地和幼儿说话，如问幼儿在干什么、拿的积木是什么颜色、什么形状等，引导幼儿说话	

活动序号	亲子活动		活动设计与指导点评
七	家长指导	（1）幼儿在搭好高楼后，喜欢将其推倒，然后开心地笑。遇到这种情况，家长不要阻止幼儿，可以和幼儿说"宝宝把高楼推倒了"，这样可以促进幼儿因果意识的发展。 （2）在活动中，家长要多和幼儿说话，培养幼儿的语言能力。 （3）在幼儿搭高楼时，只需要在恰当的时候给予帮助即可，不要干涉幼儿的想法	
八	道别时刻	首先，教师指导家长引导幼儿和同伴告别。 其次，家长引导幼儿和教师告别，跟教师说"再见"。 最后，教师和个别家长约定指导时间和方式，就幼儿的特殊情况进行单独指导	

助教体验

设计亲子活动、观察婴幼儿在活动中的行为、指导家长与婴幼儿开展亲子活动是早教教师最基本的工作职责。请全班同学以"为1～2岁幼儿开展亲子活动助力"为主题，分组开展"助教体验"实践活动，切身体会为1～2岁幼儿设计与开展亲子活动的重点和难点。"助教体验"实践活动实施步骤如下。

（1）全班同学每2～3人为一组，每组选出一位组长。各组成员通过各类招聘网站，了解早教教师的工作职责、技能要求等，然后查找相关的资料，丰富自身的专业知识。

（2）各组选择一所早教机构，与该机构负责人沟通体验活动的相关事宜，并确定体验的时间、带班的早教教师等。

（3）各组成员提前与带班的早教教师进行深入沟通，与其共同设计亲子活动、明确各种亲子活动的家长指导内容，并确定助教的任务。

（4）各组按照约定时间到达早教机构，遵从早教教师的安排，开展助教活动。在活动中，各组成员既要协助早教教师指导家长和幼儿开展活动，又要认真观察早教教师是如何对家长进行指导的。

（5）活动结束后，组长组织组会，组员相互分享助教感悟。

（6）各组结合本次实践活动及组会的交流情况，共同编写一份助教活动体验报告，不少于800字。报告内容如下：① 小组成员参与设计的亲子活动（说明设计思路，以及与早教教师交流的情况）；② 亲子活动的实施情况（是否达到了活动目标和家长指导目标）；③ 在担任助教时，本组成员所观察到的重要信息；④ 在活动中遇到的问题及应对办法；⑤ 活动收获（围绕1～2岁亲子活动设计思路与指导要点写）；⑥ 其他。

（7）各组采取自评、小组互评和教师评价相结合的方式对活动实施情况进行评价，并填写表5-7。

表 5-7　活动实施评价表

评价标准	分值	评价得分		
		自评	互评	师评
对早教教师的工作职责、技能要求有明确的认知	10			
与机构负责人、早教教师、幼儿家长沟通顺畅，能够获得早教教师的认可	20			
能够协助早教教师设计丰富、适宜的亲子活动	20			
当助教时，能够很好地配合早教教师开展活动；在遇到问题时能够快速找到恰当的解决办法	30			
活动报告内容丰富，格式规范	20			

家庭教育指导师：在家庭教育中"穿针引线"

"家长对孩子的信任是突破点，要信任孩子有独当一面的成长潜力。"家庭教育指导师胡华谈起自己的工作时满是兴奋。凭借专业、耐心和经验，在家庭教育中"穿针引线"的这一职业群体，逐渐走进人们视野。胡华已在教育领域工作10余年。最早做科任教师时，她就意识到，家庭教育是很重要的一课。纾解孩子成长中面临的困难，为家长提供系统、专业和有实践意义的指导，或许会在孩子的教育过程中起到事半功倍的作用。

家庭教育指导师常在指导者、陪伴观察员甚至"家庭医生"等角色间切换。胡华说，更多的时候她像一面镜子，在沟通中让家庭成员"照见"彼此相处模式中的矛盾所在。

随着《中华人民共和国家庭教育促进法》的正式施行，家庭教育指导师的工作"场景"也在不断拓展。2023年5月，广东省佛山市首批70名家庭教育指导辅导员受聘上岗，一批家庭教育指导师也在其列。家庭教育指导师正式成为新职业，让从事家庭教育的工作者有了新的"身份证"。

2023年1月，教育部等十三部门联合印发《关于健全学校家庭社会协同育人机制的意见》，提出到2035年，形成定位清晰、机制健全、联动紧密、科学高效的学校家庭社会协同育人机制。

如今，家庭教育指导师这一职业获得不少年轻人的青睐，如很多早期教育专业的大学生都希望在毕业后成为家庭教育指导师。华南师范大学心理学教授曲琛表示，做好家庭教育指导工作要有一颗火热的心，家庭教育指导师需要长期付出才能看到成效，不能急功近利。

家庭教育关乎孩子的终身发展和家庭的幸福安宁，让受过专业训练的人才参与其中意义重大。随着这个新职业为大众所认知，社会还需对家庭教育指导师进行督导和赋能，促进行业良性发展。

（资料来源：胡梦雪、杨淑馨，《家庭教育指导师：在家庭教育中"穿针引线"》，

新华网，2023 年 7 月 12 日，有改动）

项目综合评价

各组成员结合理论知识的学习情况，课前、课中和课后的任务完成情况，以及素养目标的达成情况 3 个方面，按照表 5-8 的评价标准对该项目的学习效果进行自评和互评，并请教师进行总体评价。

表 5-8　项目考核评价表

考核内容	评价标准	分值	评价得分		
			自评	互评	师评
知识与技能考核	能够简要阐述 13～18 个月幼儿的发展特点	10			
	能够简要阐述 19～24 个月幼儿的发展特点	10			
	能够熟练掌握 13～18 个月幼儿的亲子活动设计思路与指导要点	10			
	能够熟练掌握 19～24 个月幼儿的亲子活动设计思路与指导要点	10			
过程与方法考核	课前积极预习本项目的内容	10			
	课中认真听讲，并积极参与课堂互动	10			
	课后主动复习，并积极参与课后实践活动	10			
综合素养考核	勤于思考，善于总结	10			
	态度认真，做事细致	10			
	具备从事婴幼儿早教工作的职业素养	10			
总评	自评（30%）+互评（30%）+师评（40%）=		教师（签名）：		

项目六

2～3 岁幼儿亲子活动设计与指导

学 习 目 标

⭐ 了解 2～3 岁幼儿在不同阶段的发展特点。

⭐ 掌握 2～3 岁幼儿亲子活动设计思路。

⭐ 掌握 2～3 岁幼儿亲子活动家长指导要点。

素 质 目 标

⭐ 正视婴幼儿之间的个体差异，能够做到具体问题具体分析。

⭐ 紧跟时代发展的脚步，关注婴幼儿教育事业的最新动态，提高自身的职业素养。

项目导入

　　萌萌快 3 岁了，她在家是个很活泼的小姑娘，喜欢与家人交流。但是，当她走出家门后就好像变了一个人，总是躲在家长身后一声不吭。萌萌的爸爸、妈妈认为萌萌胆子太小了，于是，每次见到陌生人时，萌萌的爸爸、妈妈都会要求萌萌主动与他人打招呼，让萌萌进行自我介绍。但是，萌萌一看到陌生人就害怕，十分抗拒和陌生人交流，一旦被要求和陌生人交流，萌萌就会大哭。

　　萌萌的爸爸、妈妈对于萌萌的这一表现束手无措，他们担心萌萌以后无法适应幼儿园的集体生活，但又不知道应该如何帮助萌萌与他人交往，于是便为其报了一个早教班。一方面，萌萌的爸爸、妈妈希望萌萌在早教班有更多社会交往的机会；另一方面，萌萌的爸爸、妈妈希望从专业的早教教师那里学到一些育儿知识，尤其是希望学会教萌萌与他人交往的方法。

　　第一次上亲子活动课时，早教班的江老师就发现萌萌不敢在大家面前进行自我介绍，也不愿意参加集体活动。萌萌妈妈对萌萌的表现感到很焦虑，一直强迫萌萌和其他小朋友交流。而且，每当萌萌因害怕求抱时，萌萌妈妈总会说："你胆子怎么这么小？你看其他的小朋友都没有让抱着。"江老师决定在亲子活动结束后与萌萌妈妈谈一谈。

　　思考：假如你是江老师，你会和萌萌妈妈谈些什么呢？针对萌萌的问题，你会为她设计什么样的亲子活动呢？在开展活动时，你会从哪些方面对萌萌的家长进行指导呢？

模块一　25～30 个月幼儿亲子活动的设计与指导

一、25～30 个月幼儿亲子活动的设计思路

　　25～30 个月的幼儿各方面的能力都显著增强。在这一时期，幼儿家长更加关注幼儿的生活自理能力，以便为幼儿上幼儿园做好充分的准备。早教教师在为这一年龄段的幼儿设计亲子活动时，既要考虑幼儿的发展特点和发展需求，又要重点考虑家长的育儿需求。具体来讲，可按照以下思路为 25～30 个月的幼儿设计亲子活动。

（一）制定活动目标

总体来看，25～30 个月的幼儿动作发展更加成熟且稳定，认知发展进入前运算阶段，想象力和创造力获得初步发展。在为这一年龄段的幼儿制定亲子活动目标时，早教教师可根据幼儿的发展情况为其制定更高层次的活动目标。例如，苗老师在家访时，得知 27 月龄的菲菲虽然会做原地向上跳的动作，但跳得不稳，而且只能扶物向上跳，便以"学会在不扶物的情况下原地向上跳"为活动目标，为菲菲设计了"小兔子蹦蹦跳"这一亲子活动。

> **知识卡片**
>
> 皮亚杰认为，2～7 岁的儿童处于前运算阶段。这一时期，幼儿的思维具有符号性和直觉性的特点。符号性是指幼儿开始学习说话、识字、识图等，并借此描述他们的生活；直觉性是指幼儿的思维没有逻辑，他们不会综合分析，行为与感知分不开，不会先做后想，而是边做边想。但幼儿在这一时期具备了初步的推理能力。
>
> 处于前运算阶段的幼儿喜欢问"为什么"，这表明他们开始解释因果关系。例如，2 岁前，幼儿只知道用手拨动悬挂的彩球时，彩球会动，而在这一阶段他们会知道，彩球晃动的原因是手拨动了彩球。
>
> 处于前运算阶段的幼儿思维具有不可逆性，如询问幼儿两个苹果和三个香蕉加一起有几个，他们会先从苹果开始一个一个地数，最后说"有五个"。但如果反过来问，即三个香蕉和两个苹果加一起有几个，他们需要从香蕉开始再数一遍，最后说"有五个"。

表 6-1 是 25～30 个月的幼儿在动作、认知、语言和社会性 4 个方面的发展特点。早教教师在制定具体的活动目标时，可以参考。

表 6-1　25～30 个月幼儿的发展特点

方面		发展特点
动作发展	粗大动作	（1）走路的步态较稳。 （2）能发动全身的力量向高处攀爬。 （3）会利用手臂的力量投掷物体。 （4）能随意地向前跑一小段距离，且能够倒退跑。 （5）会独自上楼、下楼。 （6）能在不扶物的情况下原地向上跳，但跳得并不高。 （7）能独脚站立 2 秒

续表

方面		发展特点
动作发展	精细动作	（1）会自己扣扣子（3～5粒）。 （2）能模仿画竖线。 （3）会自己端杯子喝水。 （4）能熟练地使用勺子。 （5）会用3块积木搭桥
认知发展		（1）进入前运算阶段。 （2）会自发地开展简单的象征性游戏（主要是以物代物游戏）。 （3）能认识大和小。 （4）能区分圆形、正方形、三角形，但不一定会说具体的名称。 （5）能记住一些简单的游戏规则。 （6）能回忆起几个星期前的事情。 （7）想象力和创造力进一步发展，如会借助自己的想象搭积木。 （8）进入秩序敏感期。 （9）物权观念更强，会直接用"这是我的××"表明物品的所有权
语言发展		（1）能理解3个指令（即一句话含有3个指令），如"宝宝，把玩具放进盒子里（第1个指令），然后盖上盖子（第2个指令），再把盒子放在桌子上（第3个指令）"。 （2）语言理解能力更强。 （3）被询问"你叫什么名字"时，能准确地说出自己的名字。 （4）能说完整的句子，但发音不一定准确。 （5）能用比较完整的简单句表达自己的意愿和感受。 （6）喜欢看图说话。 （7）能说出物品除名称之外的其他主要特征
社会性发展		（1）能辨别简单的是非行为，如知道抢他人的玩具是不对的。 （2）进入"第一反抗期"。第一反抗期是指幼儿因自我意识的迅速发展，逐渐产生了"我自己做"的想法和意识，在面对他人的帮助、阻止和教育时，喜欢采用不配合的语言和行为进行对抗。第一反抗期通常出现在2～5岁。 （3）能用具体的词语表达自己的情感。 （4）开始在家长的帮助下学习简单的情绪调节策略。 （5）对同伴交往表现出极大的兴趣，开始喜欢参加集体游戏。 （6）同伴交往行为趋于互补，即一个人的行为能够满足另一个人的需求。 （7）与他人交往时有明显的自我中心倾向，且攻击行为较多

（二）选择活动内容

25～30个月幼儿的动作、认知、语言、社会性等都有较快发展。在为这一年龄段的幼儿选择亲子活动内容时，要充分照顾幼儿新出现的身心发展需求，关注幼儿在这一年龄段的身心发展重点。在这一阶段，早教教师可选择的亲子活动仍为动作活动、认知活动、语言活动和社会性活动，但其难度和广度有所提升。

1. 动作活动

2岁以后，幼儿的粗大动作以发展基本运动技能为主，且各种技能应均衡发展。就25～30个月的幼儿而言，早教教师应在原有的训练基础上，对幼儿的走、跑、爬、跳、抛接球等动作进行强化训练。例如，针对"走"这一动作，训练幼儿侧身走、曲线走、向不同方向走、倒退走等技能；针对"跑"这一动作，训练幼儿追逐跑、障碍跑等技能。

在精细动作发展方面，25～30个月的幼儿双手配合与协调能力有待提高，早教教师应以此为训练重点，结合幼儿的一日生活，选择与幼儿生活密切相关的亲子活动，如擦嘴巴、洗手、自主如厕、自主穿脱衣物、拧水杯的盖子等。

抛接球

某早教机构在为25～30个月的幼儿组织集体亲子活动前，先召开了一次家长座谈会。座谈会上，杨老师向家长了解了幼儿的发展情况，接着又向家长们征集关于开展亲子活动的建议。青青妈妈说青青（28个月）很喜欢玩皮球，希望杨老师能在早教机构开展与皮球相关的亲子活动。青青妈妈的提议得到了在座的大部分家长的肯定。

座谈会后，杨老师设计了名为"抛接球"的集体亲子活动。活动目标是让幼儿学会"抛"和"接"的动作，以及提升幼儿和同伴交往的能力。同时，杨老师希望家长能够通过该活动，了解幼儿"抛球"和"接球"的能力发展情况，掌握开展"抛接球"亲子活动的方法，学会指导幼儿和同伴交往的方法。

接着，杨老师与4位家长约定了开展集体亲子活动的时间。然后她开始为活动做准备：① 准备了若干个幼儿能够轻松举起来的小皮球；② 在地面贴上了两条70厘米长的贴纸；③ 请同事方老师协助自己开展活动。

很快就到了亲子活动日。杨老师先向家长讲解了活动注意事项：① 要认真观察幼儿是否愿意参与活动，如果幼儿不愿意，不要强迫幼儿，可询问幼儿为什么不愿意参与活动，并带领幼儿开展他们喜欢的活动；② 活动过程中要注意与幼儿进行情感交流，如为幼儿鼓掌、对幼儿说"宝宝真棒"等。

在所有家长都明白活动注意事项后，杨老师对所有幼儿说："各位宝宝好，我们一起玩抛接球吧。下面每位宝宝先选一个好朋友，你们两个人一起玩，好不好？"接着，杨老师先让家长带着幼儿选择一个活动搭档，然后让家长引导幼儿和活动搭档交流，如互相说"你好，我是××，我想和你一起玩"等。

在所有幼儿都选好搭档后，杨老师和方老师为家长和幼儿进行示范——两人分别站在贴纸的两端，一位抛球，另一位接球。示范结束后，杨老师问幼儿："宝贝们想不想和你们的好朋友一起玩抛接球呀？"家长指导幼儿回应杨老师。

在所有幼儿都表示想玩抛接球后，杨老师让两组幼儿分别站在两条贴纸两端，学着她和方老师的示范动作进行抛球或接球，家长在幼儿身边进行指导。杨老师提醒家长，在幼儿抛球或接球前，要注意观察幼儿的动作；幼儿抛球时，要及时提醒幼儿双手举高，身体前倾，并告诉幼儿不要随意扔球；幼儿接球时，要提醒幼儿双手伸开，身体前倾，及时抱住皮球。每当两位幼儿成功地完成抛接球的动作后，杨老师都会让家长带领幼儿与活动搭档互动，如握手、拥抱等。

"抛接球"活动进行了约10分钟后，杨老师观察到有两位幼儿已经不太愿意抛球了，于是让所有家长暂停活动，带着幼儿休息。在休息时，杨老师告诉家长，在家庭中，也可以和幼儿开展这个活动，两人之间的间距可以根据幼儿的能力确定，并逐渐增加难度。同时，杨老师建议家长可为幼儿准备一个球筐，让幼儿练习准确抛球。

活动设计评价： 2岁以后，幼儿应学会利用手臂的力量投掷物体、定向抛球、向上跳接球等技能。该亲子活动能够有效促进幼儿"抛"和"接"的动作发展，既能满足幼儿的发展需求，又趣味十足。

看看想想

请扫一扫右图的二维码，观看某幼儿园教师开展的亲子活动"抛接球"。请思考：该亲子活动与上述案例中亲子活动有何不同？视频中的早教教师哪些地方处理得较好，哪些地方还可以改进，为什么？

亲子活动——抛接球

2. 认知活动

25～30个月幼儿的认知发展进程加快，他们对周边的事物充满好奇，更加喜欢问"为什么"。他们能够根据物品的颜色、大小、形状和多少进行简单的分类。早教教师应根据25～30个月幼儿的身心发展特点，以及幼儿的兴趣爱好，为其选择合适的认知活动。

25～30个月幼儿可开展的认知活动主要包括以下4类：① 以给物品分类为主的认知活动，如按照盒子的大小、高矮对不同的盒子进行分类。② 以认识物品数量为主的认知活动。③ 以培养幼儿空间认知能力为主的认知活动，如让幼儿按照指令从不同的方位拿物品。④ "以物代物"游戏，即幼儿借助一种物体代替另一种物体开展的行为模仿游戏，如把石头当作电话、把枕头当作娃娃等。这一时期，幼儿应多开展"以物代物"游戏，以丰富幼儿的想象力，同时为幼儿开展角色扮演游戏奠定基础。

戈老师是柒柒（29个月）的入户指导教师。最近，戈老师发现柒柒已经能够熟练地分辨多和少了，而且知道"1"（如果把1块积木放在桌上，询问柒柒"这是几个"，柒柒会说"是1个"）。戈老师认为可以进一步培养柒柒对物品数量的认知能力了。为此，戈老师设计了"数一数"这一亲子活动，活动方案如下。

"数一数"亲子活动方案

适宜月龄： 25～30个月。

活动时间： 10～15分钟。

活动目标： 使幼儿认识5以内的数字，学会手、口一致地数数。

家长指导目标： ① 学会教幼儿认识数字的具体方法；② 了解幼儿对数字的认知发展特点。

活动准备： 海洋球、如图6-1所示的1～5的数字图片。

图6-1　1～5的数字图片

活动过程：

（1）教师逐一出示1～5的数字图片，同时大声朗诵以下数字口诀："1"像铅笔细又长，"2"像小鸭水上漂，"3"像耳朵听声音，"4"像红旗迎风飘，"5"像秤钩称东西。家长鼓励幼儿跟着教师一起念口诀，让其更好地认识数字1～5。

（2）在幼儿熟悉数字1～5后，教师让家长随机抽取一张数字图片，然后问幼儿图片上的数字是多少。如果幼儿回答不出来，家长可直接代替幼儿回答，以便幼儿快速知道答案。

（3）在幼儿正确回答图片上的数字后，教师让其先数出对应个数的海洋球，再将海洋球递给家长。

想一想： 请同学们阅读戈老师设计的亲子活动方案，分析方案中的不合理之处。然后，请从活动指导和活动迁移的角度帮助戈老师完善"数一数"亲子活动方案。

3. 语言活动

2岁以后，幼儿能够用简单的口语与他人交流。早教教师应利用这一发展特点，以促进幼儿口语表达能力为训练重点，为其选择丰富的语言类亲子活动。对25～30个月的幼儿来说，早教教师可选择的语言活动包括听说游戏、学唱儿歌、亲子阅读等。

 亲子乐园

小兔子的生日会

牛牛2岁了。最近，牛牛妈妈发现，牛牛的语言能力似乎比同龄小朋友差一些。牛牛妈妈很着急，便为牛牛报了一个早教班，请早教教师指导她教牛牛说话。牛牛妈妈告诉早教机构的吴老师，牛牛只会说一个字或两个字的叠词，几乎不会说4个字以上的句子。

知道了牛牛的情况后，吴老师又向牛牛妈妈了解了牛牛的喜好，得知牛牛很喜欢小兔子。吴老师便以"让幼儿学会说完整的句子"为亲子活动目标，设计了"小兔子的生日会"这一亲子活动。

活动当天，吴老师先为牛牛妈妈讲解了活动内容，即通过看图说话引导牛牛说完整的句子。然后，吴老师告诉牛牛妈妈，学习说话是一个长期的过程，如果牛牛在活动中的表现不是很好，一定不要表现出焦虑或不满，以免影响牛牛的情绪及其开展活动的兴趣。

说完，吴老师拿出一张卡通图片，图片上是正在举办生日会的3只小兔子，如图6-2所示。接着，吴老师问牛牛："牛牛，图片上是谁呀？"牛牛指着图片说："兔兔。"吴老师慢慢地说："对，是小兔子。"然后，吴老师让牛牛妈妈教牛牛慢慢地说出"是小兔子"这4个字。练习了几次后，牛牛终于完整地说出了这4个字，但他不是一口气说完的，中间停顿了一次。即便如此，吴老师也立刻让牛牛妈妈为牛牛鼓掌。

图6-2 正在举办生日会的小兔子

接下来，吴老师继续问牛牛："你知道小兔子们在干什么吗？"牛牛用手指着蛋糕回答："吃蛋糕。"吴老师又问："我们什么时候会吃蛋糕呀？"牛牛低着头不说话。吴老师让牛牛妈妈给牛牛一些提示。牛牛妈妈说："宝宝，你前几天过生日是不是吃蛋糕了呀？"牛牛抬起头，用力说："过生日——吃蛋糕。"吴老师说："对，我们在过生日时会吃蛋糕。那除了吃蛋糕，我们还会干什么呀？"牛牛在妈妈的提醒下说出"要吹蜡烛"这4个字。吴老师和牛牛妈妈一起为牛牛鼓掌。

然后，吴老师本想继续问牛牛"喜不喜欢吃蛋糕""过生日时最喜欢干什么"等问题。但她发现牛牛开始有点不耐烦了，想站起来去别处玩耍。吴老师看了看时间，活动已经进行了将近10分钟，于是便让牛牛妈妈结束了活动。在牛牛玩耍时，吴老师告诉牛牛妈妈，回家后可以通过看图说话的方式教牛牛说完整的句子，或者在为牛牛念完故事书后，引导牛牛逐句复述，以训练其说完整的句子。同时，现在要开始教牛牛说代词了，如"我要吃蛋糕"。

活动设计评价：25～30个月幼儿需要多听、多说，以促进其语言发展。该活动通过让幼儿看图说话提升其口语表达能力，符合这一阶段幼儿的语言发展需求。

4. 社会性活动

受认知发展水平的限制，25～30个月幼儿的思维具有以自我为中心的特点，他们总是无法理解他人的想法。早教教师应针对幼儿的这一发展特点，为其选择合适的亲子活动，具体如下：① 促进幼儿自我意识发展的亲子活动，帮助幼儿区分"我"和"他人"；② 促进幼儿情绪、情感发展的亲子活动，在活动中引导幼儿识别他人情绪，培养幼儿的共情能力，如通过阅读绘本《手不是用来打人的》，让幼儿想象自己被打时的痛苦，以此让幼儿知道不能打人；③ 提升幼儿社交能力的亲子活动，如在集体亲子活动中多让幼儿和同伴进行交流。

（三）做好活动准备

1. 创设合理的环境

25～30个月的幼儿亲子活动环境创设方法和要求与其他年龄段的方法和要求有共同之处，都需要结合活动内容和活动要求创设活动环境。但需要注意的是，这一阶段的幼儿对周围的事物具有强烈的好奇心，喜欢独自探索。因此，早教教师要为幼儿准备丰富、有趣（如变形玩具）的物质材料，以便幼儿在不愿意参与亲子活动时，也有主动探索的机会。

2. 设计活动过程

在为25～30个月的幼儿设计亲子活动时，早教教师需要注意以下3点。

（1）充分运用幼儿的模仿能力。25～30个月幼儿的模仿能力较强，他们喜欢模仿他人的行为。因此，在为25～30个月的幼儿设计亲子活动时，可适当加入引导幼儿模仿他人行为的环节，如在开展训练幼儿自主洗手的亲子活动时，早教教师指导家长和幼儿一起洗手，引导幼儿模仿家长的洗手动作。

（2）多与幼儿进行口语交流。25～30个月的幼儿正处于口语发展的关键期。早教教师在设计亲子活动时，应适当加入口语交流的环节，引导幼儿说完整的句子，并教幼儿正确使用代词。同时，早教教师要指导家长及时纠正幼儿不正确的发音或不正确的代词使用方式。此外，在活动过程中，早教教师还应经常提醒家长让幼儿说"谢谢你""不用谢"等礼貌用语。

（3）适当加入促进幼儿社会性发展的环节。在为25～30个月的幼儿设计亲子活动时，早教教师可适当加入同伴交流的环节，指导家长带领幼儿和同伴互动。

 亲子乐园

亲子阅读——《小熊宝宝绘本·午饭》

苏老师是某早教机构25～30月龄早教班的早教教师。在向家长传授育儿知识时，很多家长表示自己虽然会每天带着孩子看书，但效果不好，因为他们只会给孩子念书，不知道如何就图书内容与孩子互动。为了帮助家长学会亲子阅读的方法，苏老师设计了一个亲子阅读活动。

活动当天，有4个家庭参与活动。活动开始前，苏老师先为家长介绍了本次活动的目标：① 教会幼儿认知不同的动物；② 提高幼儿对不同形状的认知能力；③ 通过引导幼儿读故事，提高其口语表达能力。

介绍完活动目标后，苏老师带着家长正式开展活动。活动过程如下。

第一步，教师发放绘本。苏老师拿起提前准备好的《小熊宝宝绘本·午饭》，指着封面上的小熊说："宝宝们好，你们知道这是谁吗？"家长鼓励幼儿回答："是小熊。"苏老师接着说："对，是小熊，接下来我们一起看看小熊的故事吧，现在请宝宝们来老师这里领取绘本。"家长指导幼儿排队领取绘本，并引导幼儿说"谢谢老师"。

第二步，教师讲解阅读时的注意事项。苏老师让家长把幼儿抱在怀里，两人共看绘本。苏老师告诉家长，首先，在阅读时，不能单纯读文字，而要兼顾图画内容，且要多就绘本内容向幼儿提问，并引导幼儿使用完整的句子作答；其次，要让幼儿把控阅读的节奏，幼儿喜欢的情节可以多读几遍，每读完一页，都要请幼儿自己来翻书。同时，注意观察幼儿是否会一页一页地翻书，如果幼儿不会，家长要为幼儿示范正确的翻书动作，并引导幼儿模仿翻书动作。

第三步，家长和幼儿阅读绘本。在全部家长理解了阅读时的注意事项后，苏老师请家长和幼儿一起念故事，她则巡回指导。

第四步，师幼互动。苏老师询问幼儿书里都有哪些小动物，每个小动物分别送给小熊什么美食等，并询问幼儿爱吃什么美食。苏老师一边与幼儿互动，一边纠正幼儿不正确的发音。

第五步，同伴互动。苏老师让家长带领幼儿和同伴交流绘本内容。在幼儿与同伴交流时，苏老师要求家长做好协助工作，如在幼儿不知道说什么时，要及时给予提示。

　　故事还没讲完，有个叫辰辰的幼儿不想继续看书了，家长引导无果后，苏老师让辰辰妈妈带着他去旁边的自由活动区玩耍。又过了5分钟，另外3位幼儿结束了阅读活动。苏老师便带着所有家长和幼儿开展下一个活动了。

　　活动设计评价：首先，该活动注重培养幼儿的口语表达能力，在阅读时，家长和老师不停地向幼儿提问，引导幼儿回答问题；其次，该活动加入了同伴交往的环节，有利于培养幼儿与同伴交往的能力；最后，该活动针对不会一页一页翻书的幼儿，加入了引导幼儿模仿翻书的环节，符合幼儿的学习特点。

二、25～30个月幼儿亲子活动的指导要点

（一）指导家长正确应对幼儿的秩序敏感期

　　通常，25～30个月的幼儿会进入秩序敏感期，典型表现包括物品必须摆在固定的位置、必须按照固定的顺序行事、喜欢维持同一个身体姿势等。处于秩序敏感期的幼儿，在开展亲子活动时，往往会变得很"执拗"。例如，开展亲子阅读活动时必须坐在固定的位置，玩具必须放在置物架上的固定位置。

　　早教教师不仅要帮助家长理解幼儿强烈的秩序感，还要在亲子活动中指导家长维护好幼儿的秩序感。此外，早教教师还应指导家长利用幼儿的秩序感开展亲子活动，如训练幼儿按顺序穿衣服、玩耍后整理自己的玩具、阅读后将书放回书架等。

（二）指导家长保护幼儿的想象力和创造力

　　随着思维能力的发展，25～30个月幼儿的想象力和创造力也进一步发展。在开展亲子活动时，早教教师要指导家长保护幼儿的想象力和创造力。具体的家长指导内容如下：① 指导家长和幼儿开展想象活动，如当幼儿对某个物品感到好奇时，可以以此为契机，引导幼儿围绕该物品展开丰富的想象，如"它像什么""它可以用来做什么"等；② 指导家长尊重幼儿的独立性，尽可能地让幼儿按照自己的意愿开展亲子活动，以激发幼儿的想象力和创造力；③ 指导家长和幼儿开展简单的角色扮演游戏，或者让幼儿自己运用想象讲故事。

（三）指导家长培养幼儿的社会交往能力

　　处于前运算阶段的幼儿，主要的思维特点之一是只会从自己的角度去观察和理解世

界，无法理解他人的观点。这一特点会使幼儿在开展社会交往活动时经常与他人发生冲突，继而出现攻击行为。

在开展亲子活动时，早教教师应指导家长向幼儿传授简单的社会交往技能，协助幼儿与他人和谐相处。具体的家长指导内容包括以下3个方面：① 指导家长正确应对幼儿间的冲突，即当幼儿做出攻击行为时，不要一味地批评幼儿，而是要理解幼儿的想法，同时让他们明白自己的攻击行为是不对的；② 指导家长采取恰当的行动帮助幼儿控制消极情绪，如抱抱幼儿、温柔地询问幼儿"怎么啦""是不是××"等；③ 指导家长教会幼儿等待、轮流、分享等社会交往技能。

（四）指导家长正确应对幼儿的反抗行为

由于自我意识的发展，25~30个月的幼儿会进入第一反抗期，即喜欢和家长对着干，如不愿意穿家长为其挑选的衣服、不愿意按照家长的指示行事等。在亲子活动中，早教教师要认真观察幼儿的行为，如果发现幼儿出现反抗行为，要和家长一起去寻找幼儿出现反抗行为的原因，然后指导家长科学应对。此外，家庭教养方式会直接影响幼儿反抗行为的发展方向，因此，早教教师还应利用丰富的场外指导

家庭教养方式

方式，向家长宣传家庭教养方式对孩子成长的重要性，帮助家长采取科学的家庭教养方式养育孩子。

 教学评析

水果搬运工

叶老师在为3位幼儿上完早教课后，开始向3位幼儿的家长了解幼儿们最近是否有新的爱好，以便自己能结合幼儿的兴趣设计下一次的亲子活动。交流后，叶老师发现，28月龄的叮叮最近爱上了走平衡木，27月龄的莹莹和小小最近喜欢玩角色扮演游戏。

结合3位幼儿的兴趣爱好，叶老师设计了"水果搬运工"这一亲子活动。活动目标包括：① 通过练习走平衡木，提升幼儿的平衡感；② 培养幼儿的颜色配对能力。叶老师还制定了家长指导目标，主要包括：① 掌握训练幼儿走平衡木的方法；② 学会在活动中观察幼儿的表现，能够判断幼儿的活动量是否适宜。

活动当天，叶老师带着家长和幼儿来到活动室。活动室里有提前准备好的平衡木、一些仿真苹果和仿真橘子、一些红色和黄色的果篮。叮叮一走进活动室，就立刻拉着爸爸走到平衡木旁边，想让爸爸带着他走平衡木。小小是第一次看到平衡木，感到很好奇，也要走平衡木。叮叮推开小小，说："我先走。"小小大哭起来。叮叮爸爸马上批评叮叮，小小妈妈也来安慰小小。叶老师对叮叮和小小说："只有一个平衡木怎

么办呢？我们排队玩吧。这样所有的小朋友都能走平衡木了。"叮叮和小小一起对叶老师点点头。解决完两人的矛盾，叶老师对在场的家长说："孩子太小了，还不知道如何与他人和谐相处，发生矛盾是正常的。家长要有意识地教幼儿学习简单的社会交往技能，如轮流、等待、分享等。"

随后，叶老师对孩子们说："宝宝们，今天我们每个人都是水果搬运工，我们要把地上的水果捡起来放进跟水果颜色一样的果篮里，就像老师这样！"说完，叶老师让幼儿看她的示范——先捡起一个苹果，将其放进红色果篮里；再捡起一个橘子，将其放进黄色果篮里。

在3位幼儿都表示想当水果搬运工后，叶老师向家长介绍了活动流程——所有家长带着幼儿在摆满水果的平衡木一端排好队；依次让幼儿随意在地上捡起一种水果，走上平衡木，把水果送到另一端，并放进相应的果篮里；最后从平衡木上返回，再重新捡水果。循环往复地进行上述步骤，直到所有水果都被放进果篮里。同时，叶老师提醒家长："要让幼儿自己思考该将水果放进哪个颜色的果篮里，如果幼儿放错了可以用语言提醒他们。此外，要注意观察幼儿的情绪状态和出汗量，以判断幼儿的活动量是否适宜。"

接下来，家长带着幼儿搬运水果。在这一环节，莹莹妈妈发现莹莹只搬运苹果，便对莹莹说："莹莹，橘子也要搬过去，你怎么只拿苹果？"说完，她拿起一个橘子递给莹莹，让其运到对面。莹莹推开妈妈的手，说："我不要，我不要。"莹莹妈妈皱着眉头说："真不听话，整天这也不要，那也不要。"叶老师立刻对莹莹妈妈说："莹莹正处于第一反抗期，强迫她做事会让她产生逆反心理，只要不影响他人，顺着她的意愿即可。"

在3位幼儿把所有水果都运到相应的果篮后，叶老师让家长带着幼儿和同伴交流，如询问同伴都搬运了哪些水果、同伴喜欢吃什么水果等。

整个活动持续了约15分钟。活动结束后，叶老师让家长为幼儿捏捏腿、揉揉腿、拍拍腿，帮助其放松腿部肌肉，并建议家长回到家后，用沙发替代平衡木，让幼儿继续练习，不断提升其平衡感。

当天所有的亲子活动都结束后，小小妈妈询问叶老师："叶老师，小小最近很喜欢和爸爸玩'我是玩具店老板'的游戏，但他好像有'强迫症'，必须把所有的玩具都摆在玩具架上，不能拿下来。所以小小爸爸每次都只'付钱'，不买'玩具'，这样是不是不好？"叶老师告诉小小妈妈，小小已经进入了秩序敏感期，典型表现之一就是物品必须摆在固定的位置。遇到这种情况，家长不要执意"买"走玩具，可以先问幼儿为什么不愿意让家长"买"走玩具，然后再对症下药。

评价与分析：

在"水果搬运工"亲子活动中，叶老师能够根据幼儿的发展特点及家长的育儿需求对家长进行指导。

首先，指导家长培养幼儿的社会交往能力。在叮叮和小小因争抢平衡木而发生矛盾时，叶老师先告诉叮叮和小小可以排队轮流玩平衡木，然后告诉家长要有意识地向幼儿传授简单的社会交往技能。

其次，指导家长正确看待幼儿的反抗行为。当莹莹妈妈批评莹莹不听话时，叶老师告诉其莹莹正处于第一反抗期，尽量不要强迫她做事，以免激起她的逆反心理。

最后，指导家长了解幼儿的秩序敏感期。叶老师就如何应对幼儿的秩序敏感期为小小妈妈答疑解惑。

看看想想

请扫一扫右图的二维码，观看某幼儿园教师开展的亲子活动"水果搬运工"。请思考：该亲子活动与上述案例中亲子活动有何不同？视频中的早教教师哪些地方处理得较好，哪些地方还可以改进，为什么？

亲子活动——水果搬运工

三、25～30 个月幼儿亲子活动的设计与指导实例

我国的传统节日多种多样，很多传统节日都有特定的庆祝活动。在设计亲子活动时，早教教师可以用某个传统节日作为主题来设计集体亲子活动，这样既能够使亲子活动充满趣味，又能够使幼儿了解我国的传统文化。下面的亲子活动以"新春乐"为主题，为 25～30 个月幼儿设计了唱新年儿歌、制作新年贺卡、贴窗花、讲新年故事等集体亲子活动，让幼儿深入了解春节的由来、习俗等，全面提升幼儿在动作、认知、语言、社会性等方面的能力。其具体的内容与评析如表 6-2 所示。

表 6-2 "新春乐"主题亲子活动设计与指导

活动序号	亲子活动		活动设计与指导点评
一	活动名称	咚咚锵	首先，该主题亲子活动设计体现了适宜性原则、整体性原则、适度性原则、指导性原则、生活性原则和延伸性原则。
	活动目标	（1）让幼儿感受新年的喜庆氛围，了解传统文化。 （2）提升幼儿的手眼协调能力。 （3）让幼儿感知小鼓和小锣敲出的音色和节奏	
	家长指导目标	（1）掌握向幼儿介绍传统文化的方法。 （2）掌握教会幼儿认识不同乐器的方法	

活动序号		亲子活动	活动设计与指导点评
一	活动准备	（1）小鼓、小锣。 （2）儿歌《咚咚锵》。 歌词： 我敲小鼓咚咚 我敲小锣锵锵 咱们两个一起敲 咚锵咚锵咚咚锵	（1）体现适宜性原则。该亲子活动的内容符合25～30个月幼儿的发展特点。例如，通过"新年问好"和"亲子阅读——《小年兽》"活动，让幼儿和同伴互相交流、学唱儿歌、学念故事书，符合这一阶段幼儿的语言发展需求。 （2）体现整体性原则。活动形式比较丰富，包括动作活动（如"咚咚锵"）、认知活动（如阅读《小年兽》）、语言活动（如"新年问好"）、社会性活动（如互送新年贺卡）等，可促进幼儿的全面发展。 （3）体现适度性原则。该亲子活动注重动静结合、劳逸结合，如在热身运动后开展"新年问好"活动；在贴窗花活动后开展安静的阅读活动。此外，中间还加入了休息环节。 （4）体现指导性原则。能够从活动开展方法、活动开展时的注意事项、活动延伸等方面指导家长。 （5）体现生活性原则。一方面，该活动主题贴合幼儿的生活，能够让幼儿了解春节的习俗；另一方面，休息时间主要开展生活类的亲子活动。
一	活动过程	（1）教师拿着小鼓和小锣说："宝宝们，新的一年就要到了，大家又长大了一岁！我们一起敲敲锣、打打鼓来庆祝下吧。" （2）教师带领幼儿感受鼓声和锣声的不同，并请家长和幼儿一起敲锣打鼓。 （3）教师播放儿歌，并跟着节奏敲锣打鼓，带领家长和幼儿做不同的动作，如拍手、跺脚等。如果幼儿对鼓和锣感兴趣，可以让幼儿自己敲锣打鼓，家长用拍手和跺脚的动作回应幼儿的敲锣打鼓声	
一	家长指导	（1）临近新年时，家长要有意识地引导幼儿关注新年的背景知识，如新年的由来、习俗等。 （2）敲锣打鼓时，声音不要太大，以免吓到幼儿。 （3）在活动过程中，家长要多和幼儿对话，如问幼儿"你敲的是什么呀？"还可以让幼儿模仿鼓声、锣声。 （4）家长要注意引导幼儿一边唱儿歌一边做动作	
二	活动名称	新年问好	
二	活动目标	让幼儿在欢乐的气氛中互送祝福，学会基本的社交礼仪，提高其口语表达能力	
二	家长指导目标	（1）掌握让幼儿学会基本的社交礼仪的方法。 （2）使幼儿学会与同伴和谐相处	
二	活动准备	儿歌《新年好》。 歌词： 新年好呀！ 新年好呀！ 祝贺大家新年好。 我们唱歌， 我们跳舞， 祝贺大家新年好	

活动序号		亲子活动	活动设计与指导点评
二	活动过程	（1）教师对幼儿们说："宝宝们，敲完鼓、打完锣，我们是不是要互相问好了呀？"家长引导幼儿回应教师，对教师说"新年好"。 （2）教师对幼儿们说："谢谢宝宝们，我收到你们的祝福了，现在你们跟着音乐向爸爸、妈妈和同伴们互送美好的祝福吧。" （3）教师播放歌曲，并指导家长和幼儿互相问好。然后，家长请幼儿对同伴说祝福语，若幼儿不知道如何表达，家长可进行适当引导	（6）体现延伸性原则。教师能够指导家长学会使亲子活动向家庭迁移，如在"新年问好"活动中，教师告诉家长可以在春节访亲问友时引导幼儿向亲友问好。 其次，该主题亲子活动的指导内容符合25～30个月幼儿的家长指导要点。 （1）指导家长保护幼儿的想象力，如在"制作新年贺卡"活动中，让家长鼓励幼儿自由发挥。 （2）指导家长向幼儿传授简单的社会交往技能。本主题活动中的多个小活动都有同伴交往内容，在开展这些小活动时，教师会指导家长教幼儿和同伴交流，如互相问好、分享自己制作的贺卡等。 （3）指导家长正确应对幼儿的反抗行为，如在"贴窗花"活动中，告诉家长如果幼儿不愿意他人帮助自己，不要执意帮忙
	家长指导	（1）除了说"新年好"，家长还可以引导幼儿用其他简短的祝福语表达自己对他人的美好祝愿。应注意的是，家长要尽量鼓励幼儿说完整的句子，句子中最好有代词，如"祝你新年快乐"等。 （2）家长之间也可以互送新年祝福，以吸引幼儿模仿。 （3）家长要积极热情地回应幼儿的祝福，同时，要引导幼儿积极回应同伴的祝福。 （4）在家庭中，家长可以让幼儿向其他家庭成员问好；在春节访亲问友时，家长也可以引导幼儿向亲友问好	
三	活动名称	制作新年贺卡	
	活动目标	（1）通过涂画、粘贴等动作，提升幼儿手部的灵活度。 （2）使幼儿体验自己动手制作新年贺卡的乐趣	
	家长指导目标	学会与幼儿开展美术类亲子活动的具体方法	
	活动准备	海绵创意刷（见图6-3）、彩色卡纸、各种颜色的颜料、围裙、罩衣等 图6-3　海绵创意刷	

续表

活动序号		亲子活动	活动设计与指导点评
三	活动过程	（1）教师出示活动材料，并对幼儿们说："宝宝们，新年到啦，我们用这些材料制作一张贺卡送给你喜欢的亲友吧。" （2）教师将活动材料分发给家长和幼儿，然后为家长和幼儿示范如何用海绵创意刷涂鸦：先将彩色卡纸平铺在桌上；然后拿起海绵创意刷并蘸取一种颜色的颜料；左手按住卡纸，使卡纸固定在桌面上，右手拿着海绵创意刷在卡纸上涂鸦。 （3）教师示范完毕后，请家长协助幼儿制作卡片。家长要让幼儿充分发挥想象力，在彩色卡纸上绘制各种图案。家长可以帮幼儿按住卡纸，方便幼儿涂鸦。教师巡回指导。 （4）幼儿创作完成后，教师让家长引导幼儿将制作好的贺卡送给他人。例如，让家长询问幼儿："宝宝，你想把贺卡送给谁呀？"	
	家长指导	（1）幼儿在蘸取颜料时，有可能会弄脏衣服或皮肤，家长不要在意，让幼儿尽情玩耍即可。 （2）家长不要干涉幼儿的涂鸦行为，让幼儿自由发挥即可。 （3）在活动中，家长要多问问幼儿在干什么，并引导幼儿用完整的句子回答问题。 （4）在幼儿创作完成后，家长要夸奖幼儿，为幼儿鼓掌；在幼儿主动把贺卡送给同伴时，家长也要赞美、夸奖幼儿。 （5）在家庭中，家长可以利用家中已有的材料，引导幼儿制作不同类型的贺卡，并送给家庭成员	
四	休息时间	开展各种生活类亲子活动。 首先，教师要告诉家长应鼓励幼儿自己洗手、如厕、用杯子喝水、吃点心、吃完点心自己擦嘴巴等。 其次，教师要提醒家长与幼儿进行交流，如询问幼儿是否吃完了、洗好手了吗等，引导幼儿说"我吃完了""我洗好手了"等简单的口语	
五	活动名称	贴窗花	
	活动目标	（1）让幼儿在来回走动贴窗花的过程中，增强身体的协调性，促进其粗大动作的发展。 （2）通过自主涂胶水这一动作提升幼儿手指的灵活度	
	家长指导目标	掌握在游戏中与幼儿进行亲子互动的方法，增进亲子感情	

活动序号	亲子活动	活动设计与指导点评
五	**活动准备** 胶水、不同样式的窗花，如图 6-4 所示 图 6-4　不同样式的窗花	
	活动过程 （1）教师出示窗花，并对幼儿们说："宝宝们，过年啦！我们一起用美丽的窗花装饰教室吧。" （2）教师向幼儿介绍每个窗花的形状，并询问幼儿喜欢哪一个窗花。 （3）教师请一位家长当助教，协助教师将窗花贴在窗子上。具体做法如下：教师请家长拿着窗花向幼儿展示窗花的正反面；教师在窗花反面涂上胶水，并告诉幼儿不要将胶水涂得过多；请家长将窗花贴在窗户上。其他家长要带着幼儿在旁边观看整个过程。 （4）教师将剩下的窗花分发给家长，并指导家长教幼儿认识窗花，然后让幼儿选出自己喜欢的窗花。 （5）教师请家长协助幼儿将窗花贴在窗户上。家长尽量让幼儿自己为窗花涂抹胶水。贴窗花时，家长可以抱着幼儿，让幼儿自己贴窗花，并告诉幼儿要用双手按压贴好的窗花，这样可以贴得更牢固。 （6）教师请幼儿和家长一起欣赏贴好的窗花。欣赏时，教师指导家长询问幼儿的感受，并让幼儿主动和同伴交流	
	家长指导 （1）当幼儿涂好胶水、贴好窗花后，家长要及时夸奖、赞美幼儿。 （2）活动结束后，家长要带领幼儿将手洗干净，避免胶水残留在幼儿手上。这一步还可以训练幼儿自己洗手。 （3）在活动中，幼儿可能会拒绝家长的帮助，如虽然不会涂胶水，但坚持自己涂胶水。遇到这种情况，家长顺其心意即可	

续表

活动序号	亲子活动		活动设计与指导点评
六	活动名称	亲子阅读——《小年兽》	
	活动目标	（1）通过绘本阅读，提升幼儿的词汇量。 （2）使幼儿了解与新年相关的小故事，拓宽幼儿的知识面。 （3）培养幼儿的理解力和想象力。 （4）培养幼儿的专注力	
	家长指导目标	（1）掌握提升幼儿词汇量的方法。 （2）了解和 25～30 个月幼儿开展亲子阅读活动的注意事项。 （3）掌握培养幼儿专注力的具体方法	
	活动准备	绘本故事书《小年兽》	
	活动过程	（1）教师出示绘本，并为家长讲解阅读要点：在讲故事时，要向幼儿说明年兽平时都躲在哪里，年兽最怕什么东西，为了赶走年兽，大家在春节时会做什么。 （2）教师给每位幼儿及家长分发一本《小年兽》，家长让幼儿上前领取，并提醒他们对教师说"谢谢老师"。 （3）教师请家长和幼儿阅读《小年兽》。在阅读过程中，家长要引导幼儿观察绘本中的图片，不断地向幼儿提问，询问幼儿故事情节。教师巡回指导。 （4）阅读后，家长引导幼儿将绘本还给教师	
	家长指导	（1）家长在给幼儿讲故事时，应咬字清晰、语速适中，眼神和语调可以随着故事情节的发展有所变化。 （2）在活动中，家长要随时提醒幼儿用正确的方式翻书，同时还要注意帮助幼儿养成良好的阅读习惯。 （3）在活动中，如果幼儿出现注意力不集中的情况，家长要先想办法吸引幼儿的注意力，不要立即结束阅读活动。但是，如果在努力后，幼儿依然无法集中注意力，或者对绘本故事不感兴趣，家长也不必勉强幼儿。 （4）如果幼儿对该绘本故事感兴趣，家长可以让幼儿回家后再次阅读该绘本	

模块二 31～36 个月幼儿亲子活动的设计与指导

一、31～36 个月幼儿亲子活动的设计思路

31～36 个月幼儿的身心发展表现出连续性和阶段性的特点。连续性是指幼儿各个方面的能力在前一阶段的发展基础上持续稳定发展。阶段性是指幼儿在这一时期出现了新的发展特点，如亲社会行为增多、能够主动思考问题、有喜欢的玩伴等。因此，早教教师在设计亲子活动时，既要考虑幼儿在前一阶段的发展情况，又要考虑幼儿新出现的发展需求。

（一）制定活动目标

总体来看，31～36 个月幼儿的发展特点如下：动作发展更全面且成熟，具备基本的生活自理能力，会正确运用词语，能够与同伴建立友谊关系，等等。早教教师在设计亲子活动时，要从幼儿的发展特点出发，针对幼儿某一方面或某几个方面的发展需求，为亲子活动制定科学合理的活动目标。例如，周老师发现 33 月龄的西西不会画圆，她画的圆虽然线条两端可以闭合，但有明显的角。因此，周老师以"学会画圆"为活动目标，为西西设计了"我会画皮球"这一亲子活动。

表 6-3 是 31～36 个月的幼儿在动作、认知、语言和社会性 4 个方面的发展特点。早教教师在制定亲子活动目标时，可以参考。

表 6-3 31～36 个月幼儿的发展特点

方面		发展特点
动作发展	粗大动作	（1）能综合运用走、跑、跳、投掷等多种基础动作完成较为复杂的综合运动。 （2）会立定跳远。 （3）双脚能够交替着跳起来
	精细动作	（1）会画圆（闭合的曲线上没有明显的角）。 （2）会拉拉链。 （3）会拧螺丝。 （4）会用纸折简单的图形。 （5）会用儿童剪刀将纸剪开。 （6）会模仿画交叉线。 （7）开始尝试使用筷子吃饭

续表

方面	发展特点
认知发展	（1）热衷于角色扮演游戏，且能够理解所扮演角色的职责和任务。 （2）知道两种以上颜色的名称。 （3）能理解并遵守基本的社会规则，如不能说谎等。 （4）能理解"饿了、冷了、累了"。 （5）喜欢看故事书，能理解故事的主要情节
语言发展	（1）能说出自己和他人的性别。 （2）发音基本清楚。 （3）能理解简单的礼貌用语，且知道何时使用这些礼貌用语。 （4）会说形容词。 （5）喜欢讲故事、唱童谣。 （6）能掌握基本的语法结构
社会性发展	（1）喜欢模仿他人。 （2）助人、安慰、分享和共情等亲社会性行为增加。 （3）喜欢和亲人一起做家务。 （4）有喜欢的玩伴。 （5）对依恋对象的依恋程度降低，开始与喜欢的玩伴建立友谊关系。 （6）与同伴交往时，会表现出"骄傲、羞愧、嫉妒"等复杂的自我意识。 （7）能与他人谈论日常生活中感兴趣的人和事，并用语言和行为等方式表达自己的情绪和情感。 （8）会用简单的情绪调节策略控制自己的情绪，如抬头深呼吸等。 （9）会尝试运用分享、轮流、等待、协商等方式解决同伴冲突

（二）选择活动内容

1. 动作活动

31～36个月的幼儿应掌握基本的身体运动技能。在选择粗大动作类亲子活动时，应以训练幼儿的身体运动技能为主要内容，多选择直线走（如走平衡木，见图6-5）、跑、跨越低矮障碍物、单足站立、上下楼梯、双脚跳、原地单脚跳、立定跳远等活动，给幼儿更多的身体运动机会。此外，在选择活动内容时，要尽可能地选择综合性较强的活动，如"踢足球"这一亲子活动包含了走、跑、踢3种身体活动。

图6-5 走平衡木

31～36个月幼儿的精细动作训练重点是提升其手指的灵活度，提高其双手配合能力及手眼协调能力。在为这一年龄段的幼儿设计精细动作类亲子活动时，可在幼儿原有精细动作发展的基础上，为其选择趣味性较强的结构游戏、涂鸦游戏、简单的手工制作等活动内容，以达到强化训练的目的。

 亲子乐园

踢足球

　　典典爸爸很喜欢踢足球。在典典两岁半时，典典爸爸就开始带着他一起踢足球。在早教机构向家长征求亲子活动课意见时，典典爸爸建议童老师设计一个"踢足球"的集体亲子活动，让典典能和同龄的小朋友一起踢足球，以结识朋友。童老师和在座家长都觉得踢足球是一项很好的身体运动。于是，童老师便以"综合训练幼儿走、跑、踢的动作，增强幼儿身体的灵活性和协调性"为活动目标设计了"踢足球"亲子活动。

　　活动当天，童老师带着4个家庭来到室内足球室。典典一进足球室就开心地说："我和爸爸踢过足球。"童老师笑着称赞他："哇，典典踢过足球呀，可太棒了。那你喜欢踢足球吗？"典典说："喜欢。"童老师说："那等会儿你和其他小朋友一起踢足球好吗？"典典说："好。"

　　和典典交流完，童老师问另外3位幼儿："你们喜欢踢足球吗？我们今天来场足球赛吧！"另外3位幼儿在家长的指导下均兴奋地回应童老师，表示想踢足球。童老师说："好的，那老师先教你们怎么踢足球吧。"然后，童老师提醒家长要引导幼儿认真观察她的示范动作。随后，童老师向幼儿示范了踢足球的动作：把足球放在球门前，一只脚独站，另一只脚抬起向后摆，对准足球后用力将球向球门内踢。

　　做完示范动作，童老师逐一邀请幼儿，让其模仿对准球门踢足球的动作，同时要求家长在旁边鼓励幼儿踢足球。童老师还特别提醒家长，在幼儿准确地将球踢进球门后，要及时为幼儿鼓掌并大声赞美幼儿。在所有幼儿都学会对准球门踢足球后，童老师让幼儿们站在离球门稍远的地方，依次鼓励幼儿尝试边跑边踢足球。

　　约5分钟后，童老师发现所有幼儿都已经学会一边跑一边踢足球的动作了，便让所有幼儿与家长一起比赛踢足球。比赛时，当幼儿将足球踢向远离球门的方向时，童老师会指导家长先围截住足球，再引导幼儿跑到离球门稍近的位置，最后将足球踢向幼儿，并用语言提示幼儿："宝宝，对准球门，把足球踢进球门里。"

　　整个活动进行15分钟后，童老师让家长带着幼儿休息，避免其过度劳累。在幼儿休息时，童老师告诉几位家长，回到家后，可以用大纸箱自制球门，然后动员家庭成员与幼儿一起开展足球比赛，以帮助幼儿更好地掌握踢足球的技巧。

　　活动设计评价：31～36个月的幼儿能够综合运用走、跑、踢等多种基础动作完成较为复杂的综合运动。该亲子活动通过开展足球赛的方式，让幼儿在轻松、愉快的活动氛围中完成综合性的运动，提高身体的协调性。因此，该活动内容的选择符合幼儿的发展特点。

2. 认知活动

31～36个月幼儿的认知能力进一步发展，他们能够理解生活中常见物品的特点和用途，会主动思考问题、积极提问并大胆猜想。此外，他们在感兴趣的事情上能够保持一定的专注力。在这一阶段，早教教师要多为幼儿选择观察类或思考类的认知活动，如开展观察冰块融化过程的活动，让幼儿理解冰块遇热会化的道理。此外，还可以借助角色扮演游戏或亲子阅读活动，提高幼儿的认知能力。

小冰块去哪儿了

冬天到了，某早教机构的白老师看到公园里的湖面结了冰，决定结合季节特征，为本机构31～36个月的幼儿设计一个观察冰块融化的亲子活动，以丰富幼儿的生活常识。随后，白老师以"通过观察冰块的融化过程，培养幼儿的观察能力和思考能力"为活动目标，设计了名为"小冰块去哪儿了"的亲子活动。白老师还制定了家长指导目标，即帮助家长掌握教孩子认识"冰块遇热会化"这一生活常识的方法，以及培养孩子观察能力和思考能力的方法。

活动当天，一共有3个家庭参与亲子活动。白老师先给每位幼儿发了一块提前准备好的小冰块，然后让家长教幼儿从各个角度观察小冰块，让幼儿知道小冰块是冰凉的、透明的，握在手里，手就会变得湿湿的。

两分钟后，白老师对幼儿们说："宝宝们，小冰块会变魔术哦，你们想不想看呀？"白老师说完，3位幼儿都好奇地看着她。观察到孩子们都很好奇后，白老师给每个家庭发了两块小冰块、一杯常温水、一杯热水，然后指导家长协助幼儿将两块冰块分别放进常温水和热水中。随后，白老师依次对家长进行如下指导：① 要引导幼儿观察、对比两杯水中的小冰块慢慢融化的过程；② 要询问幼儿哪个小冰块化得快、为什么化得快等；③ 要提示幼儿用手摸一摸两杯水的温度变化，并询问其水是变凉了还是变热了。

当所有家庭的小冰块全部融化后，白老师对幼儿们说："宝宝们，小冰块是不是不见啦？谁能告诉老师它是怎么不见的呢？它去哪儿了呢？"说完后，白老师观察到在场的幼儿只会回答"小冰块化了"，不会回答其他内容。于是，白老师请家长提示幼儿，如"小冰块进入水里后，浮在上面，然后一点点变小了""小冰块遇到热水融化了""小冰块融化后也变成水了"等。

活动结束时，白老师告诉家长，幼儿观察能力和思考能力的提高是一个长期的过程，在日常生活中，可以多带幼儿观察大自然的变化，在观察中引导幼儿思考问题。

活动设计评价：31~36个月的幼儿非常喜欢具有变化性的事物。让幼儿观察物体的变化过程不仅可以有效地吸引幼儿的注意力，还可以培养其良好的观察习惯。该亲子活动创设了小冰块会变魔术的游戏情境，在游戏过程中让幼儿感受冰块慢慢融化的神奇过程，满足了这一年龄段幼儿的好奇心和探索欲望。

3. 语言活动

31~36个月的幼儿口语交际能力发展迅速，他们喜欢和亲人交流生活中的所见所闻，喜欢按照自己的理解和亲人讲故事。早教教师可根据这一年龄段幼儿的语言发展特点，为其选择适宜的语言训练亲子活动内容。例如，在"小小甜品师"这一亲子活动中，扮演顾客的家长引导幼儿介绍各种甜品，以训练幼儿的语言表达能力。

4. 社会性活动

31~36个月的幼儿需要为上幼儿园做好充足的准备，他们不仅要学会如何和同伴交往，还要学会如何和早教教师交往。因此，无论为幼儿选择何种亲子活动内容，都应考虑幼儿的社会性发展需求。早教教师应尽可能地在各类亲子活动中融入社会性训练，以提高幼儿的社会性交往水平。例如，在"制作水果沙拉"亲子活动（动作活动）中，家长可引导幼儿和同伴分享自己制作的水果沙拉。

（三）做好活动准备

1. 创设合理的环境

在为31~36个月的幼儿创设亲子活动环境时，早教教师既要遵循前一阶段的亲子活动环境创设要点，又要能够利用幼儿的主动性和好奇心布置活动环境，尤其是活动材料的选择。在选择活动材料时，早教教师不仅要考虑幼儿的实际需求，还要考虑活动材料的趣味性，以趣味性激发幼儿的好奇心，激发幼儿开展亲子活动的热情。

2. 设计活动过程

在为31~36个月的幼儿设计亲子活动时，早教教师需要注意以下3点。

（1）要利用好幼儿喜欢"自己做事"的发展特点。由于自我意识的发展，31~36个月的幼儿很爱自己做事。因此，在设计活动过程时，要多加入一些需要幼儿自己动手的环节，满足其想要"自己做事"的需求。

（2）引导幼儿多做亲社会行为。在为31~36个月幼儿设计亲子活动时，要适当加入互相分享和互帮互助的环节，如让一个幼儿帮另一个幼儿领取活动材料等。此外，在活动过程中，如果遇到幼儿不开心等情况，早教教师应灵活应对，可加入让其他幼儿安慰不开心的幼儿这一环节。

（3）多提供表达想法和意见的机会。在为31~36个月幼儿设计亲子活动时，要多加入一些需要幼儿自主思考、表达想法和意见的环节，以训练幼儿的思维能力和语言表达能力。例如，在半日亲子活动中的问好环节，家长要引导幼儿和早教教师、同伴交流自己生活中的所见所闻等。

课堂互动

下面是某早教机构的陈老师为31～36个月的幼儿设计的亲子活动——"树叶大扫除"。

"树叶大扫除"亲子活动方案

适宜月龄：31～36个月。

活动时间：10～15分钟。

活动目标：① 认识生活中常见的劳动工具；② 通过与他人合作大扫除培养亲社会行为。

家长指导目标：① 掌握教幼儿正确使用常见的劳动工具的方法，使幼儿掌握基本的劳动技能；② 学会培养幼儿的亲社会行为的具体方法。

活动准备：适合幼儿使用的幼儿扫把、铲子、防护手套等劳动工具，垃圾袋。

活动过程：

（1）教师带领幼儿和家长到室外，并给每个家庭分发劳动工具。

（2）教师向幼儿讲解本次活动内容："宝宝们，秋天到啦，你们看院子里落满了树叶，你们愿意帮助老师把这些树叶都打扫干净吗？"家长引导幼儿说"我愿意"。

（3）教师向幼儿展示各种劳动工具的用法。

（4）两个家庭为一组，一位幼儿自己用扫把将树叶扫成一堆，另一位幼儿自己用铲子将落叶铲起来倒进垃圾袋里。还可以让两位幼儿都戴上防护手套，一起动手将地上的落叶捡起来放入垃圾袋中。必要时，家长给予协助。

（5）扫完落叶后，家长带领幼儿洗手并要求幼儿自己洗手，还要告诉幼儿一定要讲卫生。

家长指导内容：

（1）要指导幼儿用正确的方法操作劳动工具，并鼓励幼儿独立完成自己的任务。

（2）这一年龄段的幼儿很喜欢帮助成人，因此，在活动中，可以经常请幼儿帮忙，让幼儿体验助人的乐趣。

（3）如果幼儿做得不好，家长可以直接代劳，并让幼儿在旁边观看。

（4）在幼儿完成任务后，要引导幼儿为同伴鼓掌，向同伴道谢。

想一想：请同学们根据所学知识点评"树叶大扫除"亲子活动方案，然后讨论如何在幼儿家中开展此类活动。

二、31～36个月幼儿亲子活动的指导要点

（一）指导家长为幼儿上幼儿园做好准备

通常，31～36个月的幼儿即将进入幼儿园。与早教机构的活动相比，幼儿园的活动通常不需要家长陪伴，对幼儿的生活自理能力要求更高。因此，早教教师应综合运用多种家长指导方式，就如何帮助幼儿做好入园准备为家长提供针对性的意见。指导内容具体包括以下几点。

早教机构和幼儿园的区别

（1）指导家长培养幼儿的生活自理能力。早教教师可以告诉家长应为这一年龄段的幼儿设计哪些生活自理能力训练活动，如让幼儿自己用洗手液洗手、自己穿脱衣物等。同时，早教教师应告诉家长开展生活自理能力训练活动的注意事项，如要有耐心、示范动作要准确等。

（2）指导家长帮助幼儿更好地融入集体。在带领31～36个月的幼儿开展集体亲子活动时，教师要有意识地让家长带领幼儿多和同伴玩耍，使幼儿感受到和同伴玩耍的快乐，从而喜欢集体生活。

（3）利用场外指导的方式向家长普及相关知识。很多家长会担心幼儿进入幼儿园后可能出现分离焦虑、不适应新环境、和同伴出现冲突、不懂得如何向老师表达个人需求等情况，这会使家长变得很焦虑，进而影响幼儿的情绪。因此，早教教师可以借助开座谈会或育儿讲座、发放幼儿园入园手册等方式为家长普及知识、提供解决方案，缓解他们的焦虑情绪。

（二）指导家长教会幼儿控制情绪

通常，幼儿在2岁左右开始学习简单的情绪控制策略。在31～36个月时，幼儿应在前一阶段的训练基础上，主动尝试运用已经学到的情绪控制策略调节自己的情绪，让自己保持愉快的状态。早教教师可以专门设计一些亲子活动，指导家长利用亲子活动培养幼儿的情绪控制能力。例如，通过阅读情绪控制绘本，引导幼儿学习绘本故事里的小主人公的情绪控制方法。又如，通过欢快的律动活动，为幼儿营造快乐的氛围，并告诉幼儿不开心时可以通过跳舞、唱歌让自己开心起来。

📝 **教学评析**

亲子阅读——《杰瑞的冷静太空》

再过3个月，星星就满3岁了，也要上幼儿园了。有一天，星星妈妈带着星星去选定的幼儿园上体验课。在体验课上，星星不愿意单独和其他小朋友一起上课，必须

由妈妈陪着。而且，星星动不动就哭——看不到妈妈会哭，游戏做不好会哭，绘画颜料溅到身上会哭，等等。有个叫南南的小朋友对星星说："你不是好孩子，因为你一直哭。"星星听到后，又开始哭，边哭边说不上幼儿园了。幼儿园的江老师立刻告诉南南："南南，你应该帮助星星，不能嘲笑弟弟哦。"然后江老师建议星星妈妈利用好星星入园前的这段时间，帮助星星学会一些简单的情绪控制方法。

回家后，星星妈妈十分焦虑，担心星星无法适应幼儿园的生活。她决定听从江老师的建议，报一个早教班，请早教教师一对一指导她训练星星的适应能力。早教机构的方老师了解了情况后，准备从情绪控制入手培养星星的入园适应能力。随后，方老师选了一本有关情绪控制的绘本——《杰瑞的冷静太空》，和星星妈妈约好上门指导其和星星一起阅读绘本。

上门指导那天，方老师带着《杰瑞的冷静太空》来到星星家。方老师让星星妈妈搂着星星坐在自己对面，然后出示绘本，并询问星星："星星，你帮老师看看这本书的封面上都有什么，可以吗？"说完，便让星星妈妈和星星一起观察绘本的封面，星星在妈妈的引导下说出了"星球""小男孩""太空"等元素。方老师和星星妈妈一起夸奖星星"真棒""说得对"。

夸奖完星星后，方老师对星星说："你和妈妈一起阅读，然后告诉老师这个故事讲了什么，好不好？"星星答应了。

随后，方老师指导星星妈妈和星星一起阅读绘本内容。在阅读的过程中，方老师提醒星星妈妈要多让星星自己描绘绘本讲了什么故事。同时，在阅读时，要引导星星理解绘本小主人公控制情绪的方法，并结合星星的实际生活，询问星星会如何控制情绪。在看到杰瑞妈妈教杰瑞深呼吸两次以缓解其伤心情绪时，星星妈妈按照方老师的指导询问星星："如果你的小汽车摔坏了，你十分伤心，这时你会怎么办呢？"星星说："深呼吸。"说完星星还主动做了两次深呼吸的动作。方老师和星星妈妈一起为星星鼓掌。

大约10分钟后，星星妈妈和星星读完了绘本。方老师依次询问星星"杰瑞为什么会发脾气""杰瑞是怎么样让自己开心起来的""你遇到不开心的事情时会怎么做呀"等，并指导星星妈妈教星星作答。

亲子阅读结束后，方老师告诉星星妈妈，作为家长，在阅读时，不能只关注幼儿学到了什么，自己也要学习书中家长正确的育儿方法，并学以致用。方老师还建议星星妈妈多总结星星有效控制情绪的方法，并告诉星星上幼儿园后，如果不开心，就可以运用这些方法让自己开心起来。

评价与分析：

在该活动中，方老师能够根据家长的育儿需求对家长进行指导，且指导内容较实用。

首先，指导星星妈妈利用情绪控制绘本教星星学会简单的情绪控制方法；其次，让星星妈妈从绘本中体会正确的育儿方法；最后，让星星妈妈在生活中总结对星星有用的情绪控制方法，以便星星更好地运用到幼儿园生活中。

看看想想

　　请扫一扫右图的二维码，观看某幼儿园教师开展的亲子阅读活动。请思考：该亲子阅读活动与上述案例中亲子阅读活动有何不同？视频中的早教教师哪些地方处理得较好，哪些地方还可以改进，为什么？

亲子活动——阅读
《杰瑞的冷静太空》

三、31～36 个月幼儿亲子活动的设计与指导实例

（一）"秋天寻宝之旅"亲子活动

　　"秋天寻宝之旅"是为31～36个月幼儿设计的社会性活动，其具体的内容与评析如表6-4所示。

表6-4　"秋天寻宝之旅"亲子活动

项目	具体内容	活动设计与指导点评
适宜月龄	31～36 个月	
活动目标	（1）让幼儿在和同伴一起寻找各种动植物图片的过程中，提高社会交往能力，培养幼儿的亲社会行为。 （2）使幼儿了解更多与秋天相关的动植物	提高社会交往能力是31～36 个月幼儿的社会性发展训练重点，该活动目标符合幼儿的发展需求
家长指导目标	（1）学会为幼儿创造与同伴交往机会的方法。 （2）掌握教幼儿观察不同动植物特点的方法。 （3）掌握培养幼儿的亲社会行为的方法	
活动准备	与秋天相关的各种动植物图片，如盛开的菊花，飘落的银杏叶、枫叶，饱满的麦穗，南飞的大雁，为冬天储备食物的松鼠，等等	用图片代替实物，材料易获取，且具有较强的迁移性（图片内容容易替换）
活动过程	（1）教师对幼儿们说："宝宝们，老师准备了几张宝藏的图片，现在我们一起来看看这些宝藏都是什么吧。"然后教师教幼儿认识各种动植物。 （2）教师将"宝藏"（动植物图片）放在室外活动区，然后两个家庭为一组，由两位家长带着两位幼儿一起去户外活动。	首先，活动过程重视让幼儿体验分享和助人的亲社会行为，能够提高幼儿的社会交往能力。 其次，教师会引导幼儿了解与秋天相关的常识，以帮助幼儿增长见识

续表

项目	具体内容	活动设计与指导点评
活动过程	（3）在寻找宝藏前，家长引导幼儿和同伴交流，询问同伴喜欢什么，想要找到什么宝藏。在两位幼儿达成一致的意见后，家长让两位幼儿击掌。击掌后，两位幼儿共同寻找宝藏。 （4）在幼儿寻找宝藏的过程中，教师指导家长观察幼儿的行为，并适时用语言提示幼儿与同伴合作，一起寻找散落在室外活动区的宝藏。例如，家长引导幼儿和同伴说"你找到了吗""我找到大雁了""我来帮你找"等。 （5）当幼儿找到所有宝藏后，教师可以向幼儿介绍这些图片与秋天的关系，进一步加深幼儿对秋天的认识。例如，教师对幼儿们说："宝宝们，因为冬天要来了，所以小松鼠要开始为过冬准备食物啦。"	
家长指导	（1）在幼儿寻找图片的过程中，家长要引导幼儿多做分享、助人等亲社会行为，这些行为十分重要。 （2）在认识图片的过程中，家长可以向幼儿介绍与秋天有关的常识。例如，大雁为什么要南飞，秋天到了叶子会变成什么颜色，松鼠会准备哪些食物过冬，有哪些花会在秋天开放，等等。 （3）当幼儿成功找到图片后，家长要及时夸赞幼儿	家长指导内容关注了家长为幼儿做入园准备（培养幼儿的亲社会行为）的需求，指导内容较实用
迁移活动	在家庭中，家长可以将幼儿的常用物品藏在不同的地方，然后引导幼儿寻找	该活动具有较强的迁移性，适合在家中开展

（二）"小汽车司机"亲子活动

"小汽车司机"是为 31～36 个月幼儿设计的认知和语言活动，其具体的内容与评析如表 6-5 所示。

表 6-5　"小汽车司机"亲子活动

项目	具体内容	活动设计与指导点评
适宜月龄	31～36 个月	
活动目标	（1）使幼儿认识生活中具有特殊功能的汽车，了解这些汽车的具体用途，以丰富生活常识。 （2）促进幼儿与家长的互动交流，增进亲子感情	
家长指导目标	（1）教幼儿独立思考，鼓励他们大胆发言，保护幼儿的探索欲和求知欲。 （2）掌握利用角色扮演游戏增长幼儿见识的方法	
活动准备	（1）救护车、警车、消防车等玩具汽车。 （2）玩具电话	准备了受幼儿欢迎的玩具汽车，能够激发幼儿参与活动的兴趣

项目	具体内容	活动设计与指导点评
活动过程	（1）教师让家长和幼儿围坐在自己的四周，然后出示各种玩具汽车。教师可以向幼儿提问："宝宝们，老师手中的这些汽车，你们知道它们的用途吗？"家长引导幼儿大胆发言，教师可以对幼儿的发言进行补充。 （2）教师向幼儿介绍救护车、警车、消防车的用途，并向幼儿讲解如何呼叫这3种汽车。例如，教师可以拿着相应的玩具汽车说："这是救护车，如果家里有需要紧急送医院的病人，我们就可以拨打120；这是警车，当我们遇到坏人时，可以拨打110，警察叔叔会立即过来帮助我们；这是消防车，当我们发现有地方着火了，我们可以拨打119，消防员叔叔会立马赶过来把火扑灭。" （3）教师将玩具汽车发给家长，并指导家长与幼儿开展角色扮演游戏。游戏规则如下：教师描述不同的场景，引导幼儿拨打相应的电话号码求救，家长以医生、警察或消防员等身份和幼儿对话。在幼儿熟悉各种求救电话后，家长和幼儿互换身份，让幼儿扮演医生、警察或消防员等角色	利用相关玩具为幼儿介绍了生活中常见的具有特殊功能的汽车，以及与之相关的电话号码，能够让幼儿更好地理解这些汽车与电话号码之间的关系，强化了幼儿对生活常识的认知
家长指导	（1）家长要关注幼儿对各种汽车功能的了解程度，重点教幼儿记住各种生活中常见的求救电话号码。 （2）家长要多为幼儿创造说话的机会，如在角色扮演的过程中，家长要尽可能地引导幼儿多说话。 （3）这一活动可以多次开展，以强化幼儿对不同汽车功能的认知。 （4）如果幼儿因记不住各种汽车的呼叫电话号码、不知道如何扮演各种角色而生气、发脾气、扔掉活动材料等，家长可先引导他们深呼吸，使其冷静下来，再耐心地教他们	（1）能够使家长明白活动的训练重点，即让幼儿记住生活中常见的求救电话号码。 （2）能够使家长学会教幼儿控制情绪的方法
迁移活动	在日常生活中，家长可以通过角色扮演的方式让幼儿熟悉幼儿园的生活。例如，一位家长扮演幼儿园老师，幼儿和其他家长扮演幼儿园的孩子，然后一起开展相应的活动	能够从做好入园准备的视角设计迁移活动，指导家长为幼儿上幼儿园做好准备

看看想想

请扫一扫右图的二维码，观看某幼儿园教师开展的亲子活动"小汽车司机"。请思考：该亲子活动与上述案例中亲子活动有何不同？视频中的早教教师哪些地方处理得较好，哪些地方还可以改进，为什么？

亲子活动——小汽车司机

模拟主题亲子活动

请全班同学以"2~3岁幼儿亲子活动设计与指导"为教学范围，分组模拟一场主题亲子活动课，深入了解2~3岁幼儿在动作、认知、语言和社会性等方面的发展特点，并熟练掌握2~3岁幼儿亲子活动设计思路与指导要点。全班同学按照表6-6的步骤及要求完成此次活动。

表6-6　活动实施步骤表

步骤	具体内容及要求
活动分组	全班同学每3~4人为一组，每组选出一位组长
确定主题	各组成员讨论确定本组亲子活动的主题
查找资料	各组成员分工查找活动资料，包括2~3幼儿的发展特点、发展需求、发展重点，以及优秀的主题亲子活动案例等
设计活动	活动设计要求如下：① 不少于3个亲子活动，且所有活动均围绕一个主题；② 注重幼儿的综合发展，能够发展幼儿多个方面的能力；③ 活动过程要安全、具体且可操作性强；④ 教师对幼儿说的指导语要符合幼儿的语言发展水平；⑤ 要写明教师对家长应做的指导；⑥ 活动衔接要恰当，应安排适当的休息环节
编写教学方案	各组成员共同编写教学方案，方案包括但不限于以下方面。 （1）各组成员的基本信息。 （2）教学目标及教学内容。教学内容要详细写明整节课所有的亲子活动的活动名称、活动目标、家长指导目标、活动准备（包括材料准备和环境创设）、活动过程、家长指导内容、家庭迁移等。 （3）参考文献。要注明在编写过程中参考的所有文献。 请各组妥善保存编写好的方案，并在活动结束后将方案提交给任课教师
模拟教学情景	一人扮演早教教师，其余成员扮演幼儿和家长。通过模拟找出教学方案中不合理的地方，并进行调整
成果展示与点评	展示：各组在班级内展示本组的教学方案，也可以现场模拟主题亲子活动
	点评：各组互评。然后，各组采取自评、小组互评和教师评价相结合的方式对活动实施情况进行评价，并填写表6-7

表6-7　活动实施评价表

评价标准	分值	评价得分		
		自评	互评	师评
教学方案结构完整、思路清晰、可操作性强	25			
设计的亲子活动贴合主题	25			
能够根据模拟过程中遇到的问题对教学方案进行调整	25			
能够客观地点评他人设计的亲子活动方案	25			

育婴师张艳芳：用挚爱带孩子"起跑"

张艳芳毕业于某师范大学学前教育专业，现在是一名优秀的育婴师。每次提到自己的职业，张艳芳都会说："我看到孩子们快乐的笑脸，心里就特别甜蜜。"从张艳芳的话语中，我们能够感受到她是真心热爱育婴师这个职业。

从课本到实践，这一路走来，张艳芳深知育婴师的不易。她说："初入这个行业，原以为带孩子是一件很简单的事情。但随着实践的深入，我发现，想要当一名合格的育婴师并非易事，既要懂得与孩子沟通的技巧，关注每一个孩子的表情、语言、动作、情绪变化，又要根据不同年龄段孩子的认知规律科学教授。"

2015 年进入早教行业后，张艳芳从未停止过学习的步伐。随着对这个行业认识的不断加深，张艳芳对早教行业相关知识的了解也不断深入。张艳芳在学习和实践中慢慢了解了 0～6 岁儿童教育的重要性，特别是 0～3 岁这个阶段，婴幼儿的生理和心理每天都发生着巨大的变化，所以 0～3 岁是婴幼儿通过探索、社交、练习，变得独立、自信的重要时期。

在学习与实践中，张艳芳不仅意识到早期教育对孩子的重要性，还深知家庭教育对孩子成长的重要性，所以她积极主动地将自己的教育知识和育儿知识慢慢地传授给家长。"我们每天都会和家长沟通，将孩子在早教中心的点点滴滴都告诉家长，同时也会分享育儿知识，让家长也能慢慢地成长为育儿专家。"张艳芳说。

张艳芳对早期教育行业的未来充满希望。"随着托育市场的发展，越来越多的相关专业的毕业生加入这个行业，我相信，在我们的共同努力下，孩子们会更加健康地成长。"张艳芳如是说。

（资料来源：张慧，《育婴师张艳芳：用挚爱带孩子"起跑"》，德州新闻网，
2022 年 3 月 8 日，有改动）

项目综合评价

　　各组成员结合理论知识的学习情况，课前、课中和课后的任务完成情况，以及素养目标的达成情况 3 个方面，按照表 6-8 的评价标准对该项目的学习效果进行自评和互评，并请教师进行总体评价。

表 6-8　项目考核评价表

考核内容	评价标准	分值	评价得分		
			自评	互评	师评
知识与技能考核	能够简要阐述 25～30 个月幼儿的发展特点	10			
	能够简要阐述 31～36 个月幼儿的发展特点	10			
	能够熟练掌握 2～3 岁幼儿在不同阶段的亲子活动设计思路	10			
	能够熟练掌握 2～3 岁幼儿在不同阶段的亲子活动家长指导要点	10			
过程与方法考核	课前积极预习本项目的内容	10			
	课中认真听讲，并积极参与课堂互动	10			
	课后主动复习，并积极参与课后实践活动	10			
综合素养考核	能够关注幼儿的个人差异，做到因材施教	10			
	不断丰富专业知识，强化自身专业技能	10			
	能够发挥专业优势，为家长提供有针对性的指导意见	10			
总评	自评（30%）+互评（30%）+师评（40%）=		教师（签名）：		

实践篇综合检测

》 一、活动区布置与材料投放

春天来了，某早教机构的辛老师决定根据季节的变化，重新布置室内亲子活动区（总面积约为 336 平方米），并投放相应的活动材料。

题目要求：请每位同学任选一个年龄段，帮助辛老师为该年龄段的婴幼儿布置两个不同的活动区，并根据每个活动区的特点投放相应的材料。

作答要求：① 书面作答，自备纸张；② 活动区布置要遵循安全性原则；③ 投放的材料应体现出层次性、多样性和趣味性。

》 二、亲子活动设计与指导实训

实训一："放进去，取出来"亲子活动（10～12 个月）

训练内容：请每位同学根据 10～12 个月婴儿的发展特点与发展需求，设计一个名为"放进去，取出来"的亲子活动。

训练要求：① 书面作答，自备纸张；② 活动过程趣味性强；③ 具有较强的可实施性；④ 家长指导内容科学、全面。

实训二："水果派对"亲子活动（19～24 个月）

训练内容：请每位同学根据 19～24 个月幼儿的发展特点与发展需求，设计一个名为"水果派对"的亲子活动。

训练要求：① 书面作答，自备纸张；② 要选择合适的儿歌作为活动组成部分；③ 所选择的活动材料应为常见的水果。

实训三："神奇的颜色"主题亲子活动（25～30 个月）

训练内容：请每位同学根据 25～30 个月幼儿的发展特点与发展需求，以"神奇的颜色"为主题设计主题亲子活动。

训练要求：① 书面作答，自备纸张；② 与主题相关的亲子活动不少于 3 个；③ 活动设计要遵循适宜性原则、整体性原则、适度性原则、指导性原则、生活性原则和延伸性原则等。

实训四："晾衣服"亲子活动（31～36 个月）

训练内容：请每位同学根据 31～36 个月幼儿的发展特点与发展需求，结合幼儿生活设计一个名为"晾衣服"的集体亲子活动。

训练要求：① 书面作答，自备纸张；② 人数适宜；③ 活动中要有与同伴交流的环节；④ 活动材料的选择要遵循安全性原则。

>> 三、情景问答

1. 引导家长和孩子进入活动状态

情景描述：19～24个月幼儿的亲子活动课马上就要开始了，但有些家长正不停地向早教教师琳琳请教自己近期遇到的育儿问题，还有些家长正与其他家长聊得火热，孩子们也正在活动区跑来跑去，追逐玩耍。

作答要求：请每位同学根据情景描述，为琳琳老师设计一段提示语，引导家长和孩子进入活动状态。

2. 设计活动过渡语

情景描述：在7～12个月婴儿亲子活动中，心心老师顺利指导家长教婴儿认识了苹果。接下来，心心老师要带着家长和婴儿一起进入下一个环节"小手真能干"（教婴儿认识小手，锻炼其抓握能力）。

作答要求：请每位同学根据情景描述，为心心老师设计一段过渡语，引导家长和婴儿顺利进入下一个环节。

3. 指导家长使亲子活动向家庭迁移

情景描述：在25～30个月幼儿亲子活动课结束后，朵朵妈妈询问陈老师："陈老师，朵朵很喜欢'看一看，比一比'（教幼儿认识大小、长短等概念）这个亲子活动，我们可以在家庭中开展这个活动吗？有什么注意事项吗？"

作答要求：请每位同学根据情景描述，为陈老师写一段指导语，指导朵朵妈妈和朵朵在家庭中开展与"看一看，比一比"类似的认知活动。

4. 顺利度过托班适应期

情景描述：牛牛两岁半了，由于工作繁忙，牛牛的爸爸、妈妈想把牛牛送到托班去。第一次去托班时，牛牛一开始很开心地在教室里跑来跑去，但发现妈妈要走的时候开始号啕大哭。牛牛妈妈见状，很是心疼，立刻把牛牛抱起来安慰他。同时，牛牛妈妈也开始焦虑了，她担心牛牛不能顺利度过托班适应期。

作答要求：请每位同学根据情景描述，以早教教师的身份开导牛牛妈妈，并指导牛牛妈妈帮助牛牛顺利度过托班适应期。

参考文献

［1］刘立民. 0～3 岁婴幼儿亲子活动教程［M］. 北京：北京师范大学出版社，2018.

［2］李晓玫. 1～36 个月婴幼儿亲子活动教师指导手册［M］. 大连：辽宁师范大学出版社，2018.

［3］于冬青. 婴幼儿亲子活动指导［M］. 重庆：西南师范大学出版社，2021.

［4］吴丽敏，王梓楠. 0～3 岁婴幼儿亲子活动设计与指导［M］. 北京：北京出版社，2021.

［5］王明晖，刘凌，杨梅. 婴幼儿亲子教育活动设计与案例精选［M］. 上海：复旦大学出版社，2017.

［6］史月杰，张莉. 婴幼儿游戏活动实施［M］. 北京：中国人口出版社，2022.

［7］吴俊端，陈启新. 婴幼儿心理发展［M］. 北京：中国人口出版社，2022.

［8］曹桂莲. 0～3 岁儿童亲子活动设计与指导［M］. 上海：复旦大学出版社，2014.

［9］丁玉. 0～3 岁亲子活动设计与家长指导［M］. 上海：复旦大学出版社，2018.

［10］［瑞士］皮亚杰. 发生认识论原理［M］. 王宪钿，等译. 北京：商务印书馆，2017.